絕對驚豔魁北克

未來臺灣的遠方參照

LESSONS FOR TAIWAN FROM QUEBEC

・胡川安・

序：遠方的參照、臺灣的未來

臺灣人對於魁北克的第一印象應該都是：曾經兩次公民投票尋求獨立，但沒有成功！但對於我來說，魁北克是人生的第二故鄉，我在那塊土地待了超過七年，和太太一起生活，也生下魁北克之子。本來是一個人到異地求學，現在卻成了一個家庭！我習慣觀察社會，並且於生活經驗中瞭解歷史，處於何地就寫何地。

二〇〇九年，我第一次踏上魁北克的土地，當時從巴黎飛往蒙特婁，拿著學生簽證進入加拿大海關，接著往加拿大移民局報到，本來以為可以入關了，沒想到海關人員指著魁北克移民局，跟我說下一關在那裡。不是只有國家才有移民局嗎？沒有獨立成功的魁北克為什麼也有移民局？

生活在魁北克的最大城蒙特婁，這裡是世界第二大法語城市，我就讀的麥基爾大學（McGill University）在市中心，卻以英語授課，這有如臺北市裡有一間三萬人的大學，大家在校園內講英文，但一出校園就是另外一種語言環境。魁北克人如何適應這樣的生活情境？如何讓英、法語在生活中自然地交換呢？而雙語交錯的情況又是如何產生的？

生活在他方，一切都覺得特殊，除了攻讀博士以外，我也必須適應新的環境、新的文化，每一步都引領我和以往生活經驗做比較，透過臺灣人的眼光思考。本書第一章，我帶著讀者看我的生活經驗，一個臺灣人在魁北克的求學、飲食、娛樂、醫療等生活中大小事，從日常去瞭解另外一個社會。

當我住了幾年後，發現魁北克和臺灣的歷史有點類似。我認為，四百年的臺灣史、四百年的魁北克史，都是在追問自己是誰，並且尋求認同的故事。我發揮歷史學的專長，尋求兩者相互比較的可能性。北美大陸上唯一說法語的魁北克人，是法國人留在北美的後裔，長期以來與周邊的英語人士互動，卻沒有喪失自己的文化和語言，反而在歷史變遷過程中強化自己的認同，並且發展成後來的獨立運動，我在第二章透過生活、閱讀和旅行，討論魁北克人為什麼尋求獨立。

放假的時候我也到蒙特婁附近的城市走走，從魁北克市到加拿大的首都渥太華，除了觀賞風景名勝，也瞭解加拿大立國的文化。臺灣常有人將美國與加拿大稱作「美加」，似乎認為兩個國家沒什麼不同，但其實有很大的差異，從立國精神、社會制度到生活的各個層面都是如此。我認為加拿大文化的特色就是妥協、尊重的包容精神，能接受世界不同地方的文化。透過第三章渥太華的旅行記事，我希望帶領大家觀察這個國家的不同民族與文化，如何共存共榮。

對臺灣而言，魁北克是個重要的參照，他們尋求獨立卻沒有成功，而加拿大聯邦政府也沒有使用戒嚴、恐嚇和武力的方式解決，或是通過「反分裂法」。我在第四章帶領讀者看魁北克人追求獨立，與加拿大聯邦的衝突，其中有很多人的努力與奉獻，使得不同立場的人相互包容與理解。魁北克成為加拿大聯邦的「國中國」，不統也不獨，成為一個國家。

對現在的魁北克人而言，獨立已經不是最重要的問題，但他們透過追求獨立，說出主張，並且在教育、文化、語言、外交、健保和移民方面獲得實質權力。參照來看臺灣，不應該只有走向獨立或是完成統一兩種選擇。臺灣的未來在哪裡？或許追求獨立、或許走向統一，或許不統也不獨，維持現狀，但是必須堅信民主，加拿大與魁北克的例子給予我們很好的啟發。

政治議題是本書的一部分，其他則從文學、生活、飲食、語言和音樂等不同面向瞭解魁北克，這裡是爵士之都、是少年pi的家、是文創的典範、是健保辦得最為成功的地方、是二次世界大戰後北美第一次辦奧運的地方、是二十世紀世界博覽會辦得最為成功的城市、是全世界最適合國際學生的城市、是多元族群融合的國度……

本書寫出你不知道的加拿大、你不知道的魁北克。臺灣需要更多國際經驗做為參照。

胡川安 二〇一六年夏 於加拿大蒙特婁皇家山

魁北克大事年表

一五三四年　賈克・卡地爾（Jacques Cartier）由法國出航，發現加拿大。

一六〇八年　建立魁北克城。

一六六三年　新法蘭西改制，成為法國的一個省。

一七五八年　英國征服新法蘭西。

一七六三年　《巴黎條約》，英國獲得新法蘭西。

一七七四年　《魁北克法案》尊重新法蘭西的宗教、法律和習慣。

一七九一年　將魁北克分為兩半，以渥太華河為界，講英語的為上加拿大，講法語的為下加拿大。

一八一二年　美國發動「第二次獨立戰爭」，入侵加拿大。

一九六七年　蒙特婁世界博覽會。

一九六七年　世博會期間，法國總統戴高樂高喊：「自由的魁北克萬歲。」

一九七四年　魁北克人黨（Parti Québécois，簡稱魁人黨）成立。
一九七六年　魁人黨成為魁北克的執政黨。
一九七六年　蒙特婁奧運。
一九七七年　《法語憲章》通過，法語成為魁北克的正式官方語言。
一九八〇年　第一次獨立公投。
一九八二年　加拿大從英國憲政上獨立。
一九八七年　密契湖會議。
一九九五年　第二次獨立公投。
二〇〇六年　《清晰法案》通過。
二〇〇六年　魁北克成為加拿大的「國中國」。

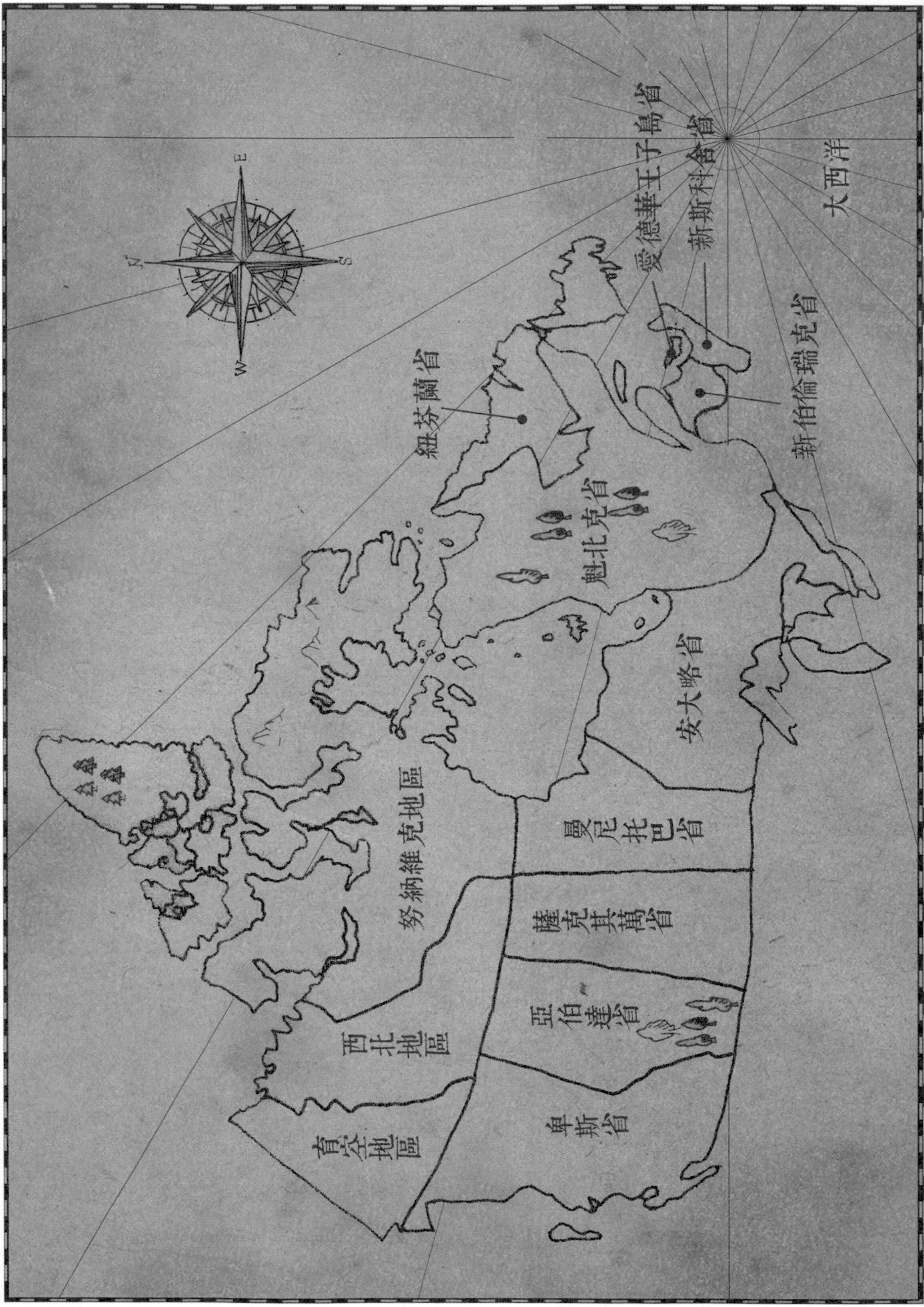
N
E
S
W
大西洋
愛德華王子島省
新斯科舍省
新伯倫瑞克省
紐芬蘭省
魁北克省
安大略省
努納維克地區
曼尼托巴省
薩克其萬省
亞伯達省
西北地區
育空地區
卑斯省

加拿大地圖

魁北克地圖

目錄

Chapter 1

臺灣人在魁北克

一、全世界最適合國際學生的城市：蒙特婁

留學一開始都是為了學業負笈他鄉，但是得到的不只是學業，求學本身就是一種生活，在所處的城市、文化和人群之中，學問、人生和未來也都與留學生活結合，成為自己的一部分。

人生總是無法預料自己的下一站在哪兒？二〇〇六年，我從臺灣大學歷史學研究所畢業，服完兵役後開始前往世界各地旅行。二〇〇九年拿到全額獎學金，到了加拿大蒙特婁的麥基爾大學（McGill University）攻讀博士。

學校位在蒙特婁市中心，有點像臺北的忠孝東路，是最精華的地段。蒙特婁是全世界僅次於巴黎的法語大城，但在市中心竟然有一座學生超過三萬人的英語學校。

麥基爾大學在全球的排名通常在二十五名內，是加拿大數一數二的大學，也是蒙特婁的驕傲，蒙特婁更是「全世界最適合國際學生的城市」，在《經濟學人》雜誌二〇一三年的「海龜指數」（Sea Turtle Index）上領先其他城市，這個指數和我在這裡的生活經驗相符——蒙特婁的確很適合留學。

海歸／海龜

「海歸／海龜」是中國對留學歸國學生的稱呼，被翻成Sea Turtle。留學不一定會歸國，在全球化的時代，有些人在國外發展或到其他地方工作，在異地娶妻生子、開枝散葉。「海龜」不只是中國的現象，現在也成為世界上的一種流動族群。

知名雜誌《經濟學人》和中國的交通銀行合作，推出海龜指數報告，從知名的大學評鑑QS World University當中的前三百名大學挑選這些大學所在的城市，共八十個進行評比。這個指數主要是給有意留學海外的大學生和他們的父母參考，相較於經常發表的「世界大學排名」，這份報告除了學校所提供的教育品質，還綜合評估了留學成本、當地的金融開放環境、房地產投資的回報率、留學生畢業後在當地就業的可能性、城市的開放性，以及所提供的多樣性文化經驗。

全世界第一名的城市：蒙特婁

全世界第一名的城市為加拿大的蒙特婁，連撰寫報告的經濟學人智庫都有點驚訝，但這份報告與其他世界大學排名的差別之處在於提供不同的指標。對我來說，第一次看到報告時也有點驚訝，一直以為第一名會是紐約、倫敦或巴黎這些響噹噹的大城市，雖然紐約、倫敦都在十名之內，但巴黎則只有二十九名。

仔細地看了評估的指標後，把整份報告從頭看過，回顧我在蒙特婁的求學與居住經驗，再對照我在巴黎、紐約的生活，覺得這份指數報告頗為準確。指標有時只是一個冷硬的排名與數字，但其背後則是留學生共同具備的生活經驗。

對於高中即將進入大學的年輕人，到哪裡留學的決定權不只在他們手上，還包括花錢讓他們入學的父母。大學就要離開母國留學，首要注重的當然是教育品

麥基爾大學校園一景

質。蒙特婁唯一擠入QS全球前二十五名的大學是麥基爾大學，以法語授課的蒙特婁大學排名大約在一百名上下。除此之外，蒙特婁還有地區性的大學，像是法語授課的魁北克大學蒙特婁分校（UQÀM）和英語授課的協和大學（Concordia University）。

教育支出與治安優於世界其他城市

除了教育品質外，還要考慮教育費用，美國知名的長春藤聯盟，對於大學生的收費往往每年超過三萬美金。學費不是留學生出國的單一支出，還包含房屋租金、生活開銷和稅金，一年的花費可能超過兩百萬，這也是為什麼美國很多城市在這項指標中都較低的原因，例如波士頓，堪稱美國最好的城市之一，有很多間知名的學府，但在這項指數裡僅排名第七，原因就在學費和生活費過高。

反觀蒙特婁，學生人數在北美僅次於波士頓，學費與生活費卻只有美國的三分之一到二分之一。加拿大的學費較為低廉的原因在於政府對於教育非常支持，知名的學府都是公立學校。

從高中畢業進入大學的新鮮人，對於父母而言雖然已經成年，但是離鄉背井的學子可能剛離開父母的保護，最好選擇一個安全的城市。加拿大的蒙特婁、多倫多、溫哥華等地，其治安都是北美最好的城市之一，原因可能是加拿大的槍枝管制較為嚴格，還有貧富差距較低、社會福利制度較健全，因此需要鋌而走險去犯罪的人，相對較少。

畢業後容易落地生根

畢業後是否能在當地找工作也是一項重要考量，畢竟，如果只讓外國學生在當地讀書，卻不開放就業市場，不免讓人有學店的感覺。在海龜指數裡，美國的評比偏低，畢業之後也不容易獲得工作簽證，在歐洲的先進國家也普遍有這樣的問題，例如英國、法國或是德國。

加拿大和澳洲在「工作條件」這項評比上勝過歐美其他國家，或許是他們的就業市場沒有歐美那麼飽和、企業較願意聘請留學生，政府也採取較為寬鬆的移民政策，特別是「技術移民」比其他國家容易。

麥基爾大學校園一景

冬日的麥基爾大學校園

文化包容性大

對於外國學生的態度表現在當地文化的包容性，蒙特婁與世界其他城市相比，更能展現各國語言共存的現象。英語授課的麥基爾大學，學生從課堂上的報告到學位論文都可以選擇用英文或是法文提交，授課老師或是指導教授如果不會法文，必須尋求協助以給分。

蒙特婁是世界上僅次於巴黎的法語大城，但卻是全世界最大的雙語城市。法語雖然是蒙特婁的官方語言，但一般人基本上都懂英語。在日常生活中，兩種語言交雜是有趣的經驗，經常可以見到一人使用法語，一人卻以英文回應的情形。

記得我當助教時，經常遇到不同國家來的大學生，包括：韓國、日本、美國、中國、英國、法國、象牙海岸、冰島、伊朗等不同國家。令我印象最深刻的是法國學生，以往我在巴黎時，法國一般人的英文似乎都不大好，有時基於文化自尊心，他們拒絕學習英文，但基本上還是無法抗拒全球化、英語化的潮流。

一些法國學生因為在法國無法練好英文，透過來蒙特婁讀大學的機會，先進入法語城市中的英語學校，雖然以英語授課，但書寫上暫時還可以交法文報告，等到英文寫作較為成熟後，再進入北美或其他英文地區。

或許是我和法語城市有緣，出國的第一年在巴黎學法文半年，之後又在蒙特婁求學，得以瞭解其中的差異。留學一開始都是為了學業負笈他鄉，但是得到的不只是學業成就。求學本身就是一種生活，在所處的城市、文化和人群之中，學問、人生和未來也都與留學生活結合，成為自己的一部分。

二、法式烹調與新大陸的結合：北美的美食寶庫

魁北克大多數人都是從法國移民而來的後裔，他們帶著原有家鄉的文化到了新大陸，然後利用當地特有食材，在北美大陸上發展出獨特的飲食文化。

我曾經在巴黎住過一段日子，生活中最享受的不是到高級的米其林餐館用餐，而是在街角的小酒館遇見令人難以忘懷的美味。法國人愛吃，而且享受用餐的時刻，晚餐吃個三小時很正常，配點葡萄酒，一晚就在美酒佳餚中度過。之後到了「北美的小巴黎」蒙特婁，發現這群在新大陸的法裔族群，利用當地的食材打造出屬於自己的飲食文化。

蒙特婁的餐廳數量相當多，以人均比例而言，在北美僅次於紐約，三百萬人的城

市有超過五千家餐館。雖然蒙特婁有來自世界各地的移民，但是飲食還是以法國料理的烹調方式為骨幹，再搭配魁北克的風土習慣，形成特殊的飲食文化。這裡有全世界排名前五十大的餐館，讓我們從街角的法式小酒館（Bistrot）開始品嘗美食吧！

帶著自己的酒來：日常的街角（Le Quartier Général）

蒙特婁的皇家山街（Avenue Mont-Royal）帶點歐式的情調，有肉販、魚販、雜貨店、獨立書店、烘培坊，生活所需一應俱全。從主要大街往巷子裡走，來來往往的人潮頓時減少，紅磚砌成的古樸、簡單建築，有些爬滿了藤蔓，有些則有精心布置的小花園。這些一般遊客不會接近的地方，藏著以魁北克食材為基底，採用法式烹調手法的精緻小餐館。

很多蒙特婁的餐廳都有一個特色——允許你「帶著你的酒來」（Apportez Votre Vin），意味著店家不想用酒讓你的荷包大失血。這樣的餐廳索價不會太高，用餐氣氛也較為輕鬆。然而，這並不代表無法得到體貼的服務與出色的食物。「日常

皇家山街的花店

的街角」就是這樣的餐廳，想要提供饕客們合理的價錢、輕鬆的用餐環境與美味的菜色。

第一次走進「日常的街角」是三月底平日的中午，大片的落地窗讓這間餐廳較為明亮，淡黃色的牆面搭配著木質的桌椅，隨著季節改變的菜單寫在頭頂的黑板上。整體的感覺溫馨、輕鬆且自然，客人的穿著隨意不拘束，將自己帶來的酒交給服務生開瓶後，大家閒話家常，討論起菜單。

法式小酒館的菜色或許不在於創新或特別，但一些基本的元素總是不能缺少，不管是魚肉或是牛肉，都嘗試利用本身的特色找尋適當調味，以凸顯原料的特性。

「日常的街角」利用這樣的概念讓當地食材被凸顯出來，雖然是法式小酒館，卻吃得出食材的原味。一般來說，法式小酒館中的菜色不能缺少牛排與薯條（Steak et frites）這一道菜，菜式雖然普通，但從巴黎、紐約到蒙特婁的法式餐館，吃起來的味道卻不盡相同，牛肉肉質和烹調手法都會造成味覺上的差異。「日常的街角」牛排與魁北克的洋蔥一起煎煮，洋蔥的甜味和肉汁混合，再配上炸得恰到好處的薯條，這道小酒館的必備菜發揮得淋漓盡致。

這間小酒館供應的甜點中，我最推薦的就是「失業者布丁」（Le pouding chômeur），非常魁北克的一道甜點，在一九二九年發明，此時正是經濟大恐慌時期，這種布丁以麵粉、楓糖漿和簡單便宜的食材製成，使得沮喪時期的人們能夠享受甜食的愉悅。真正的廚藝就是讓簡單的食材顯得不平凡，軟綿綿溫熱的布丁，搭配楓糖漿和冰淇淋，不管是午間約會或是家庭聚餐，都使得席間氣氛增溫不少。

舊城的法式餐廳：四百擊（Restaurant Les 400 Coups）

除了街角的小酒館，蒙特婁也不乏嫻熟法式烹調手法的餐廳，例如「四百擊」就是這樣的餐廳。

蒙特婁的舊城一向都是觀光客聚集的地方，歷史古蹟散布在舊城的石板路上，從市政廳、聖母院到傑克・卡帝爾（Place Jacques-Cartier）廣場。觀光客可以在這裡上一堂新法蘭西的歷史，瞭解北美與其他英裔美洲人不同的文化背景。然而，觀光客多也意味著此地的餐廳多半以觀光客為主，食物烹煮得不怎麼樣、菜單千篇一律，卻要價頗高。

但是，在舊城寧靜的角落中還是有饕客會造訪的餐廳，像是「四百擊」，由兩位年輕廚師合夥開設：一位是餐飲本科出身的廚師；另外一位則是主修心理學、半路出家的廚師。廚藝與心理學似乎本來就該結合在一起，成功的廚師不會只關注廚藝而不理解饕客們的心理。餐廳菜色在絕妙的搭配中帶著點天分與大膽，再外加一位侍酒師，使得美食、醇酒與心理，由內而外得到體貼的照顧。

第一次知道這間餐廳是在加航飛機上的雜誌《*enRoute*》閱讀到的消息，「四百擊」被評選為加拿大當年十大最好的餐廳。四月的第一個星期假日中午，我沒吃早餐就前去報到，天氣還帶點寒意。進門後，氣氛隨之改變，整體空間散發著優雅、簡潔和溫馨的感覺，陽光從外面灑入，在幾乎客滿的座席間，擺滿了酒杯與盤子，卻沒有擁擠的感覺，賓客們細聲且輕鬆地談笑著。

我的位子右邊是一面牆，整面牆就是一張巴黎聖哲爾曼德佩（Saint-Germain-des-Prés）的街角，我和太太聊起在那裡散步的回憶，增加不少親切感。

餐點上來之前，沒有吃早餐的我們先吃了薄脆、溫暖且誘人的長棍麵包和帶著特別香味的奶油。我的前菜是豬耳朵配醃製蘑菇，柔軟又帶點嚼勁的豬耳朵，以特製醬汁去除腥味；太太的前菜是蟹肉可樂餅，外表的皮金黃酥脆，蟹肉與野菜混合，顯得清爽且開胃。

進入主菜，太太點的是大西洋鱈魚，鱈魚的下面鋪滿了海軍豆，並且與青醬搭配。海軍豆雖然粒粒分明，吃起來卻具有軟綿如絲的口感，鱈魚的外皮薄脆，魚肉多汁。我的牛排宛如一幅畫，透過不同種類的蔬菜呈現出繽紛顏色，蘿蔔、紅洋蔥、南瓜和洋香菜的香味，搭配甜美的肉汁，感覺吃下一股清香。

甜點更是一絕，由於前兩道菜已經讓我們今天的早午餐太過豐盛，甜點我們只選了一道共同分享，以日式陶杯盛裝，白色巧克力混合著優格，上面還以淺藍色的小花點綴，帶出春天的感覺，為一餐畫下美好的句點。

全球最佳的五十間餐廳：豬腳餐廳（Au Pied de Cochon）

不管是街角的小酒館或是精緻的法式餐飲，在蒙特婁的地位都沒有「豬腳餐廳」來得高，擠身「全球最佳的五十間餐廳」，不是因為索價昂貴、裝潢典雅，而是能將魁北克食物的特色完整地表現出來。

「全球最佳的五十間餐廳」（The World's Best Restaurants）由英國的《餐廳》（*Restaurant*）雜誌所發起，透過全球的廚師、餐廳、美食家和評論家的調查而評選出，不像《米其林》雜誌是由祕密的訪查員在不公開的情況下做調查，所以這份調查更被美食家們認可。

豬腳餐廳長期列名全球最佳的五十間餐廳之一，同時是魁北克和加拿大最棒的餐廳，不算法式料理，也不提供北美餐廳中常見的牛排，以創新的料理方式獨樹一格。餐廳位在充滿活力與休閒氣氛的街區，沒有開在蒙特婁舊城，那裡都是充滿觀光客的餐廳，餐點一成不變；也和座落在商業區的精緻法式料理不同，吃一餐往往所費不貲。豬腳餐廳位於普拉朵區（Le Plateau），旁邊聚集著夜店，往下則是蒙特婁的拉丁區，即使深夜仍然車水馬龍。

主廚馬丁（Martin Picard）頂下這間過去賣披薩的餐廳，看中的應該是巨大的烤爐。狹長的餐廳、恰到好處的燈光，無遮蔽式的開放式廚房使人入座後能一直看到正在烹煮的食物，卻又不會喪失約會的情調。

餐廳最聞名的一道菜是將鵝肝放在魁北克的地方料理「普丁」（poutine）上，普丁就是薯條加起士，並且淋上肉汁，做法簡單，但熬煮肉汁與選擇起士都是這道菜美味的關鍵。主廚將「高貴」的鵝肝與薯條混搭，顛覆了鵝肝該有的吃法。名廚安東尼・波登（Anthony Bourdain）認為馬丁是一個飲食界的革命者，不在蒙特婁複製法式料理，而是利用新世界本身的食材和吃法創造出新的菜色，例如鵝肝漢堡、鵝肝披薩，甚至將魁北克的特產楓糖與鵝肝混合。

豬腳餐廳非常強調原味，透過簡單的烹調方式凸顯食材的特質。做為一個挑剔的廚師，馬丁除了經營餐廳外，還經營農場，餐廳中所用的鵝肝和楓糖都由自家農場生產，以確保無可挑剔的品質。根植於魁北克當地的食材，就是豬腳餐廳列名世界最佳餐廳的原因。難怪名廚波登會說：「豬腳餐廳是他在這個星球上最想吃的餐廳之一。」

尊重當地特色的飲食文化

魁北克的餐廳和飲食文化在北美擁有自己的特色，就像他們的法語傳統一樣，堅持自己的生活方式。

我也會上市場買菜。大部分北美的蔬果和肉類都在超級市場中販賣，由於加拿大冬季寒冷，所以綠色蔬菜多是從幾千公里外、較為溫暖的地方運送過來；肉類也是從美國或其他大規模的飼養場載運而來。在魁北克還有不同的選擇，他們尊重自己的飲食文化，維持著傳統市場與小農耕作的傳統。所以人們可以與城市附近的小農簽訂契約，選擇新鮮作物加以烹調。夏季葉菜類的青菜較多，冬季則以根莖類作物為主。

小農耕作的蔬菜，從蘿蔔、馬鈴薯、甜菜根等，都具有獨特姿態，不會像超市販

蒙特婁的傳統市場

賣的那般整齊劃一。雖然有些樣子不甚好看，但每家農場的作物都具有獨特的味道，那是屬於魁北克不同地區孕育的風味。

魁北克的飲食傳統

魁北克的飲食文化由十七世紀的法國移民帶來，大部分是法國布列塔尼鄉村的居民，傳統的法式豬肉派（tourtière）、法式醬糜（terrine）、法式鹹餅（galette）和馬鈴薯燉肉，都是魁北克的家庭在節慶或團圓時，桌上必備的食物。

魁北克人本來不珍視鄉村的飲食文化，隨著文化認同在七〇年代興起，除了強調法語傳統，他們擔心自己的飲食文化消失，也開始調查並尋訪傳統的家鄉味。廚師們發起了全省的飲食復興運動，「魁北克觀光和飯店組織」（L'Institut de tourisme et d'hôtellerie du Québec）和學校也開始培養學生研究鄉土飲食。

他們到鄉村採訪老農夫、耕作者和嫻熟鄉土飲食的烹飪者，希望從瞭解當地生長的作物開始，以此烹調出屬於魁北克的味道。從幾千種的料理中挑出六百三十種，寫成一本《魁北克的傳統家鄉菜》（*Cuisine traditionnelle des regions du Quebec*），這些簡單的家庭味反映出魁北克人從法國家鄉菜中加入新世界的食物和原料。

九〇年代後，幾位大廚再發起了一股新的飲食運動，稱為「魁北克的家鄉料理」（La Cuisine régionale du Quebec），廚師們採用家鄉原料，也到農村尋找當地生養的肉類、起士、水果和蔬菜，取代外來的原料，有些廚師甚至開設農場，豬腳餐廳就是如此。廚師們漸漸意識到最好的魁北克料理來自最好的食物，所以牛、豬、羊、鵝都採用有機的飼養方式，水果和蔬菜使用自然農法植栽，也到野外採集蕨類和蕈類，甚至葡萄酒、西打（Cider）也使用魁北克的葡萄和蘋果製造。

年產值五十億的楓糖

在多種農產品中最為知名的就是楓糖。北美東部原住民將春天的第一個月圓訂為慶祝楓糖的糖月。當寒冷的冬天即將結束，原住民會在楓樹上畫出V字形的切痕，以蘆葦或是管狀物將楓樹的枝液引流出來，將含糖量很低的汁液收集起來後，再將水分蒸發，提煉出糖漿。

源自原住民的楓糖漿也成為魁北克料理調味的一部分，像是楓樹燻鮭魚這道料理；或是將楓糖漿和鵝肝一起煮，減少鵝肝的腥味；還有楓糖漿烤豆、楓燻火腿、楓糖布丁等。

本來是原住民族吃的楓糖，不僅進入魁北克的菜餚中，還外銷全世界，產值高達世界的四分之三，為魁北克帶來每年將近五十億的收入。

魁北克大多數人都是從法國移民而來的後裔，他們帶著原有家鄉的文化到了新大陸，然後利用當地特有食材，在北美大陸上發展出獨特的飲食文化。上個世紀七〇年代後，透過廚師的努力，不僅保有自身的飲食文化，還走向世界，成為北美大陸的美食寶庫。

魁北克的有機蔬菜

魁北克當地的農產品

三、奧斯卡外語片的常客：魁北克的電影

魁北克電影具備細膩和深刻的人文議題，根植於當地的環境，放眼全世界，成為奧斯卡外語片的常客。

冬日的蒙特婁被大雪覆蓋，人們經常往電影院跑，以往未曾注意魁北克電影的我，在此讀書後也開始發現其特別之處——具有細膩且豐富的人文視角，並且顯露出人道關懷和國際觀，不同於鄰近美國好萊塢電影以娛樂和商業為主。一開始我注意到的是《拉札老師》（Monsieur Lazhar）。

拉札老師

電影中有熟悉的蒙特婁街景，冬日的一間小學校園裡，十一、十二歲的孩子們在

雪地中玩耍。一切似乎就像平常一樣，搬運牛奶的小男孩走過教室，卻發現級任老師在教室裡上吊。

沒有人知道為什麼，校方也陷入混亂，故事就這樣開始了……

當校長焦頭爛額地尋找代課老師之際，一位名叫「拉札」的先生在報紙上看到老師自殺的消息，前來應徵職缺，宣稱在阿爾及利亞有十多年小學老師的經驗（阿爾及利亞有不少人說法語）。拉札老師面對這群剛經歷級任老師死亡的學生，自己也必須面對文化衝擊。

電影展現出文化的差異

要不是我曾待過巴黎和蒙特婁，或許無法知道電影中部分情節指涉的文化差異。

以往在巴黎上法語課時，老師很強調聽寫（就是聽老師念文章，一字不誤在紙上寫下來），內容往往來自文學經典，像是巴爾札克（Honoré de Balzac）的文章。

然而，在新世界的魁北克人似乎不來這一套，他們強調啟發教育，而不是拼字、文法和背誦的重要性。

電影中，原本排成半圓形的桌椅是為了方便學生與老師討論，兩者是平等的談話關係，而非上對下的權威服從。拉札老師要求學生將桌椅排成一列一列，老師講授，學生聆聽、抄筆記，講求老師的知識權威。他訓誡學生時，會拍打學生的頭，但是這種「體罰」在加拿大社會是不被允許的。同樣講法文，在不同的社會有不同的教育方式。

拉札老師的妻兒因迫害而死亡，他到加拿大尋求政治庇護，在異地孤單地活著。而學校解決老師上吊自殺的方法，是請心理老師到班級上輔導學生，其他老師們都拒談這個話題，因為不是「專業」人士、不是心理醫生，無法輔導小朋友們走出傷痛。

如何面對死亡？

這就是電影有趣且深刻的地方，每一個人都得面對生老病死，每一個人都必須面對哀傷、走出死亡的陰影，但是這樣一個人人都得面對的情緒問題，卻得委由「專業」來處理。

整部電影雖然在學校當中拍攝，討論的卻是學校沒有教的人生問題：如何面對死亡？拉札不是正規的老師，但他瞭解生離死別的痛苦，如何面對哀慟，處理自己的情緒，就像破繭而出的蛹，心靈也會獲得自由。

拉札老師最後雖然獲得了政治庇護，然而他偽造了小學老師的資歷，必須離開學校，在最後一堂課時，向學生們朗讀了一則寓言故事《大樹和蝶蛹》：

橄欖樹的樹枝上，吊著小小的蝶蛹，是翠綠色的。蝶蛹明天將會變成蝴蝶。大樹很高興看到蝶蛹成長，但他真希望蝶蛹能夠再多待幾年，他就會保護她不受傷害，保護她不受螞蟻攻擊。可是，她明天就要離開了，從此必須獨自面對敵人與惡劣天氣。當天晚上，森林發生火災，蝶蛹來不及變成蝴蝶。

天亮的時候，灰燼已經冷卻，大樹仍然屹立，但心已經碎了，被大火燒焦了，被哀傷摧毀了。從此之後，每當小鳥停在樹頭，大樹就會述說這段故事，蝶蛹從來沒有甦醒，他幻想她展翅，飛向碧藍的天空，自由地吸取花蜜。

九十分鐘的電影，敘事流暢，整部片沒有大起大落的情緒，沒有控訴阿爾及利亞的政權，小朋友們也沒有戲劇性的崩潰，但是在平穩中卻充滿張力，簡單的語調令人動容。電影舉重若輕，將死亡、移民、政治、青少年成長等複雜且沉重的議題帶出來。

奧斯卡外語片常客

看完這次電影後，我對魁北克電影便產生了興趣，發現其中具備了細膩和深刻的人文議題，難怪成為奧斯卡外語片的常客。

在非美國片的世界，能夠獲得奧斯卡最佳外語片的提名、獲獎，對於電影和國家本身都是相當大的殊榮，每年上百部參賽的電影，只有五部可以入圍。

從二〇一一、二〇一二到二〇一三年，加拿大每年都入圍奧斯卡外語片，而且都是魁北克的法語電影。加拿大英語區的電影由於鄰近美國，優秀的從業人員很容易被好萊塢所吸收，反而是魁北克的電影，由於強調獨特歷史與文化環境，雖然沒有好萊塢大成本挹注，反而能維持小而美且帶有深刻人文電影的傳統。

具有國際觀的電影視角

二〇一一年獲得奧斯卡外語片提名的《烈火焚身》（Incendies）透過一對雙胞胎姊弟開始了尋根的故事，生活在魁北克的兩人在母親去世後，遵循遺囑回到中東尋找未曾見過的父親和哥哥。電影帶出魁北克移民社會的特質，來自不同地方的人在此落地生根，都有不同的過去。

《烈火焚身》裡，母親的後半生抑鬱而終，姊姊靠著單薄的線索前往她未曾到過的「故鄉」，才發現由於宗教和政治造成的社會動盪，讓母親遭遇無與倫比的痛楚。時代的悲劇、宗教的衝突造成人民流離失所，遠離故鄉。電影雖然沒有明說，但揭露的是黎巴嫩半世紀以來的頻仍戰亂，透過移民魁北克的後裔，讓世人瞭解中東種族、宗教與戰爭的議題。

二〇一二年入圍奧斯卡外語片的就是前文所說的《拉札老師》，拉札老師所身處的阿爾及利亞長年處於政治動盪，人民四散分離，魁北克也成為他們的庇護所。

二〇一三年的《戰地巫師》（Rebelle）講的是剛果的人間慘劇，由於長期戰亂，連兒童和青少年都被迫拿槍互相殺戮，男性當「童子軍」，女性則當性奴。處決人犯時會把槍塞給小孩，逼迫他們開槍，不然就得死。兒女殺害雙親、妻子弒夫，人性蕩然無存，宛如人間煉獄，《戰地巫師》揭露了震撼的人間慘劇！

魁北克為什麼會拍出這樣具有人道關懷的電影呢？拍攝《戰地巫師》的導演阮淦（Kim Nguyen），是在魁北克長大的越南裔移民，由於越南被法國殖民的歷史，他在蒙特婁成長的過程中，遇到來自剛果的移民，同樣具有被法國殖民的歷史，所以瞭解彼此處境，願意分享一般人無法得知的故事。

這三部片雖然最終未能得到奧斯卡，但是能連續三年，由不同導演以不同類型的電影，講述不同故事，這與魁北克的移民環境、放眼世界的國際觀息息相關。

四、夢想與創意的原鄉：太陽馬戲團

文化、夢想和創意都是無形的，但具體化之後就是一門好生意，如何使夢想起飛，讓那些在夢境與想像世界的情景呈現出來。

當寒冷的蒙特婁走向春天，花漸漸地開了，樹葉也愈來愈茂密。通常在這個時候，舊港邊帶著藍色條紋的黃色帳篷——從遠處望去的「太陽馬戲團」（Cirque du Soleil）也日漸清晰。從蒙特婁發跡的太陽馬戲團是這個城市的驕傲，在充滿古蹟的舊港旁，踏著石板路，彷彿古代到市集看雜耍的感覺。

太陽馬戲團的新戲總會從家鄉開始，期望家鄉父老給他們最熱烈的掌聲，才能信心滿滿地走向世界，執行長拉馬赫（Daniel Lamarre）說：「蒙特婁的觀眾現在都是太陽馬戲團的專家，而且他們的期望相當、相當地高，只有透過新的內容和想法，才能滿足他們的期待。」

二〇一二年的春天，我有幸在舊港邊的帳篷裡，欣賞太陽馬戲團的第三十二場創作：Amaluna，這個字源於兩個字的結合，Ama在拉丁文中具有「母親」的意涵，Luna也是從拉丁文而來，指的是月亮，兩者都是陰性的象徵。

馬戲團本來就是展現雜技的地方，呈現平常所看不到的異想世界，突破人體柔軟或平衡的極限，但是太陽馬戲團嘗試加入故事情節與想像。本齣戲重點在於水，女人像水，不僅是《紅樓夢》中賈寶玉如此認為，Amaluna也將之具象化。舞臺中間的一缸水，象徵女性的陰柔，也代表男女的魚水之歡，是一切生命的始源。

故事的經緯主要圍繞著王后與女兒間的感情：將心力放在女兒身上的王后，沒有察覺到女兒從女孩成長為女人，開始瞭解愛情，將生命的中心從母親移往心愛的男人身上，開始違背母親的心願，為了愛情而奮鬥。故事似乎帶著點莎士比亞的感覺，與《暴風雨》的基調類似。

但如何將故事融入馬戲團的表演、如何透過肢體的動作加以呈現？觀眾當然期待看到雜耍、特技，以及突破人體極限的表演。太陽馬戲團沒有讓想看到這些表演的觀眾失望，將男女情愛隱喻為走鋼索、跳探戈，展現愛情危險的特質──令人著迷且需要兩人的平衡和協調。

我覺得不只欣賞了一場特技雜耍，而是一齣精采的戲劇、一場視覺的饗宴，這是太陽馬戲團與眾不同之處，也是年收兩百億美元的關鍵。

讓我們回到夢想的起點，看看太陽馬戲團如何從蒙特婁走向世界？

來自魁北克的街頭藝術

一九八四年，也就是三十二年前，一個魁北克街頭藝術的表演團體在慶祝賈克・卡蒂耶（Jacques Cartier）於地理大發現時代發現加拿大的活動裡，獲得觀眾的熱情迴響與支持，給了他們信心，將團名定為太陽馬戲團。從幾個人的街頭藝術表演團體到超過四千人的劇團；從蒙特婁開始，巡迴世界一百多個城市；從寥寥無

舊港邊的太陽馬戲團帳篷

幾的街頭觀眾到超過五千萬名觀眾，太陽馬戲團除了帶給觀眾夢想，自身也是夢想的實踐。太陽馬戲團的馬戲沒有馬，也沒有任何動物，他們販賣的是夢想和創意。

所有夢想都必須透過精確管理才能成功，成立三十多年的太陽馬戲團已經在全世界吸引了數千萬的觀眾，不僅成為最熱門的馬戲團，也成為管理學的經典，著名的《藍海策略》（*Blue Ocean Strategy*）一書就以太陽馬戲團為例，做為企業管理的典範。

一開始在魁北克聖保羅灣藝術季的街頭藝人，在街上噴火、演奏音樂，看起來是相當沒「錢」途的工作。但是，太陽馬戲團的創辦者蓋・拉里貝代（Guy Laliberté）卻在其中發現了他的「藍海」。剛開始幾年，經營並不順利，每次表演都會造成破產危機。一次到洛杉磯表演的旅費只夠去程，回程端賴表演的所得，收入不好可能就要自己走回家。

銀行和政府不肯贊助沒有名氣和未來的團體。為了打開知名度，共同創辦人聖卡

（Gilles Ste-Choix）從自己居住的小鎮出發，以兩層樓的高蹺走了五十六公里到魁北克市的省政府相關單位尋求贊助。聖卡的舉動果然得到媒體注意，為他們募到第一筆款項，也為後來的太陽馬戲團建立了基礎。

現在的太陽馬戲團一年賣出一千萬張以上的門票，有十六個戲碼同時在世界各國演出。即使這樣，馬戲團每年仍然投入大量研發經費，不管是舞臺的效果、服裝的設計、概念的發想和人員的訓練都努力精益求精，期待往未知的領域繼續探索。

他們的一齣戲從發想到推出，至少經過三年以上。

太陽馬戲團的「藍海策略」

雖然創意最重要，但其中的每項環節，還有表演環境的安全都是太陽馬戲團整體的考量。《藍海策略》中分析太陽馬戲團與一般馬戲團的差異，可以分為消除、減少、提升、創造：

消除：明星演員、動物表演、在觀眾席賣東西、多環表演場地
減少：趣味與幽默、刺激與驚險
提升：獨特高級的場地
創造：富有主題的節目、觀賞環境的雅致、製作多套連環表演、藝術歌舞的饗宴

傳統馬戲團的表演對象大多為小朋友，一下跳火圈、雜耍，一下歌舞秀，缺乏整體的故事情節，而在觀眾席賣東西使得欣賞過程缺乏品質。太陽馬戲團的策略就是讓大人也能盡情樂在其中，強調表演藝術性，提高創作品質，使得表演是一齣首尾連貫的戲劇。

太陽馬戲團不囿於以往的表演方式，透過體操、舞蹈和各種專長的運動員，讓舞臺上的肢體動作多元，透過編劇的巧思讓人體成為說故事的道具，強化單一主題，而且重視場地和服裝的設計，增加美學元素，使得每齣戲都是一段動人的故事、聲光的饗宴。

太陽馬戲團究竟在馬戲團表演藝術上提升、創造了多少？又為馬戲團的發展注入

了什麼新元素？我們可以從回顧馬戲團的歷史得知。

源自法國的馬戲文化

馬戲團的文化可以在法國和歐洲找到根源。想像電影當中的情景：大型的帳篷、跳火圈的老虎與猛獸、大象踩著人的身體、小丑的雜耍表演、侏儒與怪胎成為展示的對象。

十八世紀的英國、法國和德國，有許多馬戲團在各城市巡迴表演，將奇風異俗、異國珍寶、動物介紹給大眾，主要是因為此時的歐洲與非洲、亞洲等國家密切交流，來往各地的商人和船員們樂於將異國動物帶回國展示，引起大眾的好奇心。

試想在沒有電視和網路的時代，識字率也不如現在普遍，我們如何知道遠方的世界呢？巡迴各地的馬戲團就扮演著傳播訊息的功用，告訴觀眾世界上有如此奇特的動物、絢麗的表演方式和無可置信的魔術。

著正式戲服的太陽馬戲團成員

二十世紀初歐陸的馬戲團文化達到巔峰，法國的許多藝術家也對馬戲團文化著迷，例如畢卡索（Pablo Ruiz Picasso）和考克多（Jean Cocteau）等前衛藝術家，而史特拉文斯基（Igar Stravinsky）也曾經幫大象編寫芭蕾舞曲。

表情怪誕的小丑、華麗的歌舞演出、展示的奇珍異獸，馬戲團總讓人覺得異於日常生活，在表演中看到另一個世界。然而，隨著保護動物的聲浪日益高漲，還有電視、電影的發展，馬戲團在二十世紀中期逐漸沒落，表演方式也不能因循以往，於是七〇年代在法國開始有了「新馬戲運動」。

馬戲王國的當代發展

起源於法國的新馬戲運動，在魁北克得到相當完整的發展，甚至超越法國，使得馬戲團成為一種藝術與身體表演的創意展現，其原因是魁北克政府有計畫地發展與培育。

一九八一年成立的蒙特婁國立馬戲學校（École nationale de cirque）由太陽馬戲團

的藝術總監卡鴻出任（Guy Caron），共同創辦人還有加拿大的奧運體操選手勒克雷克（Pierre Leclerc）。

這兩個人的結合說明了魁北克馬戲的未來走向。卡鴻本來是街頭藝人，專長為吸引群眾、發想創意和創造驚奇，而體育科班出身的勒克雷克則掌握了身體的精準度和美感，在兩人互補的情況下，創造出新的馬戲藝術。

由於太陽馬戲團得到國際注意，馬戲因此得到魁北克政府大量挹注，能將不同類別的藝術形式也加入。二〇〇〇年之後，擔任校長的拉龍德（Marc Lalonde）是芭蕾舞者出身，也有藝術管理專長。他對馬戲有全盤規劃，將國立馬戲學校遷到蒙特婁西北的La TOHU園區中，這裡有太陽馬戲團的總部和加拿大馬戲學會。此舉透過太陽馬戲團的產業發展，加強馬戲學校的實務教育。

魁北克的馬戲學校不只專注於馬戲所需的平衡訓練、空中技巧和雜耍等術科，也強調結合新技術與馬戲，以及各種藝術形式，例如舞蹈、劇場和芭蕾，為馬戲團注入藝術養分，成為魁北克當代藝術的特色之一。

由於政府支持，使得馬戲文化在魁北克生根。當我在午後散步走進皇家山，不管是春天鬱金香的開花的季節，或是秋日楓樹染紅山頭時，總看到一些人在兩棵樹間拉起一條繩子，站在其上練習平衡技巧，或是穿著小丑衣服的表演者練習雜耍、吹泡泡、丟瓶子，這樣的風景為城市增添了一股新奇。

公園中的馬戲與市民零距離互動

五、設計「自然」：紐約中央公園與蒙特婁皇家山公園

在蒙特婁住了幾年，以為皇家山公園（Parc du Mont-Royal）的通道、景觀都是自然如此，直到看了歐姆斯特德（F.L. Olmsted）設計皇家山公園的筆記，才知道一切景觀都是他的規劃。

我家後面是蒙特婁皇家山公園，位於麥基爾大學正後方，是島上唯一的小山丘，處於島的正中央。皇家山的南方是蒙特婁市中心，從麥基爾大學一直到聖羅倫斯河畔的蒙特婁舊城，商業繁榮。

我從家裡出來，跨過一條街就到了皇家山公園，除了大雪將皇家山掩埋的日子以外，我通常每隔一天就到山上慢跑。皇家山與市區間是大片綠意盎然的草原，往上是皇家山入口，綠樹成蔭，碎石路面緩緩蜿蜒向上。

在過去幾年中，我也逐漸熟悉另一個城市——紐約，一年到那裡三、四次，有時拜訪在那裡工作的家人，有時則與在哥倫比亞大學任教的老師——我的博士指導委員會面。我很少離開曼哈頓，有時住在上西城、有時住在上東城，客居的時候會在早上或黃昏到紐約中央公園慢跑。

公園的建築師

紐約的中央公園和蒙特婁的皇家山公園都出自歐姆斯特德之手，他是建築師，但不是蓋起一棟一棟房子的建築師，而是「地景」的建築師，透過在北美蓋起一座座公園，改變了整體的城市文化。

火車、汽車和飛機促成交通便捷，人口往城市集中，由於在城市發展更有機會，便離開鄉村，居住在水泥叢林中一格一格的小房子裡。十九世紀中葉，美國大規模城市化，鐵路發展、經濟集中，使得大量人口湧進城市，暴露了早期城市的問題——沒有下水道、沒有汙水處理，也沒有整體規劃與設計，更談不上都市景觀。大規模的傳染病在都市傳播，衛生情況相當糟糕，遑論合理的綠地觀念。

皇家山公園一景

照顧廣大市民的需求與福祉是規劃一個城市必須考慮的問題，近一百五十年前，歐姆斯特德就主張：「有責任在城市規劃中考慮更廣大市民的需求。」他不是馬克思主義者，卻帶有左派的想法，認為城市發展是階級分化下的產物，是商業階級壟斷利益的結果，但是對於城市來說，勞動者和普羅大眾才是維持社會正常運轉的無名英雄。

對歐姆斯特德來說，城市文明不是商業的繁盛、工業的發達而已，不是凸顯人類不同階級的不平等，而是不同階級在這個環境中共同貢獻心力，城市必須有空間讓人活動，他認為中央公園是露天聚會的地方，代表了各個階層，這種聚會不是智力性的，擺脫了人與人的競爭，擺脫了嫉妒和傲慢，個人僅透過到場就能增加其他人的歡樂。

中央公園建立在南北戰爭之後，黑人雖然解放了，但國家還處在戰爭的傷痛中。公園不只是公共的休閒空間而已，歐姆斯特德也想弭平南北的差異、階級的藩籬，讓不同族群與階級都能在廣大公園中享受自然、天空、白雲和綠地。

把鄉村帶入城市

歐姆斯特德對於自然的想像不是只在植物園中刻意栽種植物、溫室花朵，也不是精心布置的園藝。在美國新英格蘭鄉村成長的他，喜愛康乃狄克的鄉村景色，但是在城市中營造出鄉村景色與地形並不容易，需要挖人工湖、堆起小山，造價遠比園藝來得貴。歐姆斯特德認為自己是景觀的建築師，不是園藝家，也不是單純的建築設計師，他思考的是一種哲學、一種理想的生活方式。

紐約中央公園在一八七三年建成，耗時十五年，占地八百四十三英畝（約五千多公畝），是歐姆斯特德建築生涯的開始，似乎還無法完全體現其「自然」的哲學，而蒙特婁的皇家山公園則是他較為成熟的作品。

陶冶身心的自然

歐姆斯特德顧及原有環境，對皇家山進行最少的改造，減少人工的裝飾。做為「景觀」，必須透過「通道」使人得以觀賞、進入山林、體驗自然，過程必須是

「無意識的」。他用陡峭、破碎的地形，大量種植各式植物，使森林林相更豐富且深邃。他認為「風景（scenery）是近處光與影的重要組合，或遠處細節的遮掩」。透過複雜的風景設計，兩者合一，美學層次才會更豐富。

我在蒙特婁住了幾年，以為皇家山的通道、景觀都是自然如此，直到看了歐姆斯特德設計皇家山公園的筆記，才知道一切景觀都是他的規劃，他寫下：

隨著自然形成的遊覽路線，路邊的喬木和林下灌木將變得愈來愈稠密。在繁茂的樹葉之間，向右看去，可以看到在懸崖峭壁的邊上，到處都被幽暗的常綠灌木叢、攀緣植物、苔蘚和高山花卉所覆蓋；另一方面，人們還能透過幽深綠蔭蔽障間偶爾的空隙，看到遠處隱約閃現的河水，以及陽光明媚的遼闊天地。

越過一片矮林叢生的陡峭下傾地表，另一幅景象出現在眼前，在一個寬闊的山谷中，展現出湖泊般的水面，一直延伸到遠處朦朧的地平線，黃昏的薄霧正逐漸聚攏，迎接著正落山的夕陽。

皇家山公園景致

從皇家山公園鳥瞰蒙特婁

秋日的皇家山被楓葉染紅

經過緩緩彎曲的上坡路。人們將被帶到一片林木茂密的懸崖峭壁的邊緣，在這個位置，現在已經出城很久的人們可以俯瞰遠處的城市。越過櫛比鱗次的屋頂，越過行駛著莊嚴巨輪的港口，一片巨大的開闊平原展現在眼前，間有幾座莊麗的山丘。在所有這些景色的遠處，是似巨浪翻騰的阿迪朗達克山巒。

以上文字來自他的《美國城市的文明化》一書，可知他除了是景觀建築師，筆記也像如詩的散文。我無法使用更優美的文字形容皇家山的景色，只有將他的筆記整段抄錄下來。

每每慢跑時，沿著緩緩上升的碎石步道，林間的太陽灑落，樹木遮蔽了我的視線，密植的樹林增加了層次感。跑到山上的湖泊時，夕陽在湖面的光線讓我忘卻了疲累。道路底端是觀景臺，我看著城市、聖羅倫斯河以及遠處的北美大平原，隨著汗水，身體和心靈似乎都被洗淨了。

六、魁北克之子與生育

加拿大的健保制度讓美國大為羨慕，魁北克的醫療照護力量和資源的確顧及每個國民（也包含所有合法居留的外國學生和新住民）。

人在魁北克，懷孕三十一周的太太羊水突然破了，我們緊張地趕赴醫院。醫生判定為早期破水，只能臥床到生產，兩個星期後羊水流光了，胎兒頭上腳下得緊急剖腹。住院超過兩個星期，早產的兒子則住了將近一個月，臨走前我到櫃臺結帳，櫃臺的工作人員瞪大眼睛看著我說：「你直接走就好了，看你方便早上走還是下午走都可以！」我的問題彷彿很奇怪。

沒錯，無須繳費，因為健保已經給付了。太太臥床的三餐，使用的衛生護墊、嬰兒的尿布、奶嘴、溼紙巾等都由健保供應，沒有自費的部分。只有一天三塊錢的電話費，醫院會寄收據到家裡請款。

加拿大的健保制度讓美國大為羨慕，每次總統選舉最熱門的議題之一就是全民健保，從柯林頓到歐巴馬，民主黨的候選人都想學加拿大。我做為一個外來者，深覺魁北克的醫療照護力量和資源的確顧及每個國民（也包含所有合法居留的外國學生和新住民）。

分層負責的醫療制度

加拿大地緣廣大，每個地方的醫療資源不同，我所居住的魁北克，相對來說是醫療資源較豐富的地方，最底層的社區服務中心（CLSC, Centre local de services communautaires）類似臺灣的衛生所，負責疫苗和衛教工作。

由於我的兒子早產，政府非常關注，從兒子離開加護病房的第一天，社區服務中心的護士就進行家庭訪視。除了告訴我們照顧早產兒的知識，確定家中的嬰兒床符合安全標準，還安排定期回診的診所，並詢問我們在當地的社會支持，以確保新生兒能夠獲得良好照顧。

社區服務中心往上一層的是分門別類的診所，以太太的經驗而言，從懷孕初期到定期的門診都在社區診所，她的醫師畢業於麥基爾大學，父母都是麥基爾大學的教授，而加拿大第一名的醫學系就是麥基爾大學，這樣有名的醫師應該很搶手，需要靠關係才能掛號吧？

不需要，我們這種一般的國際學生也預約得到，門診在我們方便到達的地方。第一次產檢，醫師除了瞭解胎兒的狀況，還為太太檢查全身，詳細問診，確認病史。一次就看了兩個小時，所以一天無法排太多孕婦，如果醫師想利用健保的件數來賺錢，恐怕不可能。由於醫師一天只看固定數量的病患，在固定時間下班，而且看診仔細，所以相對而言等待時間較長。有些朋友抱怨加拿大看診等待時間過長，但那是對於「可以等待」的病情而言。

至於太太羊水破了這種事，馬上到大醫院掛急診，而且知道她隨時可能會生產，早產兒需要在具有相關設施的醫院才能獲得良好的照顧，立刻安排我們搭乘救護車轉診，一刻都沒拖延。這樣的醫療分層制度，按輕重緩急處理病患，不容易有浪費醫療資源的問題。

除此之外，加拿大的醫院沒有多剝一層皮，要你繳掛號費，從懷孕、照超音波、抽血、住院、三餐飲食、醫療耗材和新生兒的必需品，都由健保負擔。

制度良好且健全的健保

從七〇年代以來，加拿大的健保實施將近半個世紀，只有第一代有虧損的狀況（雖然有虧損，但營運狀況仍然是世界最好的健保制度）。我們以為臺灣的健保很了不起，但是從第一代到討論中的第三代健保，都面臨即將破產的危機。

加拿大的健保由每一省統一費率。魁北克省沒有所謂的健保費，只要每年申報所得稅就獲得健保的資格。沒有收入的人，每年則繳兩百多元加幣的健保費（臺幣五千元左右）。除了提供省民健保，也讓第一線的醫師得到保障，保障他們的工作權。

如果遇到醫療糾紛，每個省分都有「醫療保護協會」（CMPA），提供醫療責任險，省政府會以公費請律師幫忙打官司。如果確有醫療疏失，由省政府付九成以上的賠償金，因為他們知道生產和醫療過程可能出現不確定因素，所以要能保障醫師的工作權。

對生育和養育同等重視

除了提供安全的醫療環境，加拿大政府也提供適當的賦稅減免、牛奶金、托兒補助，大學學費也十分低廉。加拿大明星學校都是公立的（排名世界前五十名的麥基爾、多倫多和英屬哥倫比亞大學的學費都只有美國學費的十分之一或更少）。

我身為加拿大的新住民，雖然產下魁北克之子，但社會支持較少，幸好政府透過健保、衛教到養育，以各種輔助讓新移民得以安心扶養下一代。

本文部分取自於《世界公民島》二〇一五年七月號

七、奧運的美麗與哀愁：一九七六年的蒙特婁奧運

蒙特婁奧運雖然帶來大量負債與負面影響，如果能計算出奧運之後舉辦的賽事、運動會的人潮，或是帶來的觀光、經濟價值和聲譽，或許會有不一樣的看法。

往蒙特婁的東邊看，天際線上除了藍天白雲，還有一艘揚帆出航的船，如在藍天中航行，這是蒙特婁奧運的主場館，看起來仍然新穎的建築其實已有四十年的歷史。現在場館經常舉辦世界級運動賽事，旁邊的植物園、生態館和游泳池也是全家出遊的好去處。

很多國家都想舉辦奧運，象徵國家強盛，得到國際注意，同時成為凝聚國家與民族認同的賽事。然而，我和一些蒙特婁朋友聊起奧運，卻不一定是正面評價，蒙

蒙特婁奧運主場館

特婁人說一九七六年的奧運是「Big O」，一場沒有停止過的奧運，從何說起呢？

Big O

O除了是奧林匹克（Olympic）的意思，也代表著負債（Owe）。奧運史上虧空最多的就屬一九七六年的蒙特婁奧運，舉辦奧運會三十一年後的二〇〇七年，蒙特婁終於付完了最後一筆帳。為了十五天的奧運會使蒙特婁納稅人負債三十年，「蒙特婁陷阱」（Montreal Pitfall）甚至成為一個專有名詞，指那些投資的場館過於龐大，導致負債而使城市經濟陷入困難。

對於蒙特婁人而言，這座建築似乎是時代轉捩點，帶來的改變造就了蒙特婁現在的情況，奧運後果有好有壞，附加的價值與損益並不好評估，除了經濟，還有整體文化的轉變。

蒙特婁為什麼想辦奧運？樂觀的時代

蒙特婁在當時是加拿大最大城市，主要人口為說法語的魁北克人，人口將近三百萬。六〇年代加拿大和美國的關係良好，雙方的經濟相互依賴，經濟也隨著美國而快速成長。一九六七年的世界博覽會（1967 International and Universal Exposition或是Expo 67）是為了慶祝加拿大建國一百周年，共有六十二個國家參加，被視為二十世紀最成功的世界博覽會，參與國家和人數都創下紀錄。

在世博會之後，決定舉辦奧運，當時的蒙特婁是二次大戰後北美第一次舉辦夏季奧運的城市。對照二〇〇八年舉辦奧運的北京，二〇一〇年舉辦世界博覽會的上海，快速的經濟成長，使加拿大人籠罩在樂觀、膨脹的信心中。

有了成功舉辦世界活動的經驗，蒙特婁打算往前推進，舉辦奧運會，企圖打造一個世界級的城市，先後共五次爭取奧運主辦權，一九七二年以一票之差輸給德國慕尼黑，而一九七六年則擊敗了洛杉磯、莫斯科和佛羅倫斯，獲得主辦權。

奧運會的象徵就是主場館，蒙特婁在東面建立了大型體育場、游泳池、自行車場、奧運選手村等，設施和器材都引進最新技術。然而，興建過程卻問題連連。

設計失敗的主場館

設計概念宛如一艘船揚帆出航的主場館出了問題。這艘帆船最特別的「桅杆」，是工程上最困難的部分，高達一百七十五公尺的建築呈現傾斜狀，是世界最高的傾斜建築。斜塔上有二十六根粗大的纜繩，繫在運動場頂上。這個「桅杆」在奧運結束後十幾年才正式完工，而且沒有按原設計師的設計，要靠纜繩支撐屋頂是不可能的任務。

當時設計體育館的天兵建築師是羅傑・戴貝（Roger Taillibert），專長為設計球場，來到蒙特婁之前主要的成績為巴黎的王子公園體育場（Parc des Princes），在法國尚未舉行世界盃足球賽之前，一直是法國國家足球隊的主場。建築師包辦了選手村、主體育館與自行車體育場和游泳池，整體的建築群充滿新穎的概念，特別是主體育場，透過傾斜的高塔將體育館巨大的頂棚吊起來。但施工後鋼纜相繼被拉斷，體育場的頂棚打不開，最後只能將巨大頂棚牢牢地焊住。

除此之外，由於當時遇到全球石油危機的衝擊，使得加拿大的經濟蕭條、物價暴漲，再加上建築工人長期罷工，使得經費不斷追加、工程延宕。一九七五年時甚至還有人提議改變奧運地點，但國際奧會沒有採納這個意見。興建過程雖然風風雨雨，但是奧運還是如期且盛大地展開。

陰影籠罩，地主國成績不佳

由於一九七二年慕尼黑奧運有以色列人被暗殺，蒙特婁奧運會投入大量軍警維護安全，避免慘案再度發生。在成績方面，蒙特婁奧運打破了三十四項世界紀錄，在奧運史上的紀錄並不差，但是表現最差的竟是地主國加拿大，一面金牌都沒有，是參加奧運以來成績最差的一次，排名第二十七，有史以來最差的地主國。

蒙特婁奧運最慘的還不在舉辦過程，而是為了準備奧運所投注的經費。

為了奧運所造成的大量虧損

本來蒙特婁市長德哈普（Jean Drapeau）的企圖心是徹底改造蒙特婁，他認為「奧運不可能產生虧空的赤字，就像男人不會懷孕一般」。所以除了運動賽事的場館外，也建造更便捷的地鐵系統，還有將整個市中心連結起來的地下城，寒冷冬天時便可以在地下生活。除此之外，還在蒙特婁北方建立新機場。

大多數的人不知道全世界占地最大的機場在蒙特婁，這個一九七五年開始使用的蒙特婁米拉貝爾機場，將近四百平方公里（臺北市不過將近三百平方公里，新加坡也不過七百平方公里），已經是一個城市的大小。

不知道這個機場的人當然也不知道它在二〇〇四年停止了客運，二〇一〇年所有起死回生的計畫都胎死腹中，正式畫下休止符，離市區較近的杜魯道機場完全取代米拉貝爾機場，每年有一千萬人流量，是個中型機場，剛好符合城市的規模。

如果你看過電影《航站奇緣》（The Terminal），就是在米拉貝爾機場實景拍攝（有現成且沒有人的航站，不使用實在太可惜了），片頭一開始就出現前往蒙特婁航班的廣播，這種致意有點諷刺，也見證花大錢只換來一場空，不知道該拆掉還是留作憑弔。

蒙特婁奧運的遺產

如果只看蒙特婁奧運的負面影響，或許過於簡化，也過分相信統計數據。撇開負債不談，當我拜訪這座將近四十年的奧運主場館時，還是驚訝於它在設計上的創新（雖然工程技術無法克服設計的巧思）。呈四十五度的斜塔，藍色的纜車順著上升到一百七十五公尺的高度，塔頂有一塊一百平方公尺的觀景臺。從這裡向西看，可以看到蒙特婁市中心、皇家山，往南看則是聖羅倫斯河、北美大平原，天氣晴朗時可以看到八十公里外的景色，美不勝收。在觀景臺的下一層是咖啡廳、酒吧和一個小禮堂，是活動與舉辦儀式的場所。

這樣一個場所，應該可以好好利用吧！奧運除了負債以外，對於這個城市的資產是什麼呢？

居住在這個城市七年，就我的觀察而言，蒙特婁人重視休閒、體育，愛好各種戶外活動，這不是一個因負擔奧運債務而愁眉苦臉的城市。據說光是觀景臺的收入，在四十年的日子裡，已經將近四百萬美元，每年前來觀光的遊客在二十萬到三十萬人之間。奧林匹克公園已經成為這個城市旅遊觀光的場所，一個城市的地標。

除了觀光，蒙特婁也因此更具有舉辦國際性賽事的能力。然而，設施的完備只是前提，如何招攬人氣或是提升體育的素質才是重點。

奧運促進了整體的體育風氣

在奧運結束後的三十年，場館一年內有兩百多天都舉辦活動。這座可以容納五萬人以上的體育場，舉辦過數千場國際性賽事，例如：世界體操錦標賽、世界青年足球錦標賽、各種演唱會。其中的游泳中心負責國家隊訓練和培育，也給各級學生進行比賽。

回到奧運舉辦前，蒙特婁缺乏一座符合國際標準的體育館，也沒有適合國際賽事的游泳池和標準跑道。因為奧運，相關設施建立起來，連麥基爾大學和蒙特婁大學的相關體育設施也得到提升。我們如果能夠計算出奧運之後舉辦的賽事、運動會的人潮，或是這些人潮所帶來的觀光、經濟價值和聲譽，或許就會對當年的奧運有不一樣看法。

夏日的蒙特婁，什麼時候都可以看到慢跑、騎自行車或是悠閒散步的人，這個城市除了商業性功能，也具備健康的氣氛。對比巴黎，夏日是觀光客入城的季節，巴黎的好吃餐廳卻幾乎關門，巴黎人則遠離巴黎到其他地方度假，此時的生活並不有趣。

同樣是法語大城，夏日的蒙特婁有F1賽車巡迴、國際爵士音樂季、國際煙火競賽等，奧林匹克體育場也成為觀光的重點之一，為這個城市再增色彩。除此之外，從瞭解運動到認識運動，進而對身體、健康文化的提升，對市民來說才是更大的資產。

八、蒙特婁的夏日狂歡

「我住紐約，請相信我，這裡的人知道到哪裡開派對最好，那就是往北過邊境去蒙特婁。」

蒙特婁的酒吧多，賣酒的地方也多，有好幾個夜店集中的區域，每個地方的客群不大相同。卡森街（rue Crescent）白天有很多露天餐廳，晚上則有不少夜店客群大多是上班族，消費較高。聖羅宏大道（Boulevard St Laurent）則因為靠近麥基爾大學和魁北克大學，主要客群是學生，消費金額較低。「同志村落」（The Village）則以同性戀族群為主，男男、女女或是第三種性別都不拘，每年八月會舉辦「同性戀大遊行」，邀請全世界同志到此串聯。

蒙特婁人口不過三百多萬，為什麼有這麼多酒吧呢？本來我以為這裡的人都愛喝酒，所以酒吧才能經營下去，但後來發現很多美國人跑來這裡喝酒。

跨境喝酒的美國人

蒙特婁離美國邊境只有五十公里，過去就是紐約州。在美國喝酒要二十一歲，也就是大學三年級以上才能喝酒，但是加拿大只要十八歲就可以喝酒。由於進入酒吧或是買酒都需要身分證明，所以假日可以看到很多拿著美國駕照和護照的學生到蒙特婁買酒。在這裡喝酒還有別的好處，因為加拿大的槍枝管制較嚴格，治安比紐約好很多，所以喝酒也較放心。

美國自從二〇年代實施禁酒令後，所有酒吧都不能賣酒，當時美國人紛紛跨境到加拿大喝酒，加拿大有一瓶很有名的威士忌 Canadian Club 就在那時擴張市場，成為全球知名品牌。

友善的派對城市

或許因為加拿大治安良好，加上這裡的人又親切，到這裡喝酒買醉很快樂，知名的旅遊指南《寂寞星球》（*Lonely Planet*）選取了全球十個最快樂的地方，蒙特婁獲得第二名。編輯萊德（Robert Reid）說：「使得蒙特婁被選中的一個理由是，那裡有眾多旅遊的人。他們到了那裡，發現城市給人的感覺是很可愛，各個方面都有可愛之處。吃的是沒話說，開派對簡直像瘋了一樣。我住紐約，請相信我，這裡的人知道到哪裡開派對最好，那就是往北過邊境去蒙特婁。」

對於美國人而言，到蒙特婁不只是開派對，還有一種異國風情，因為這裡的人大部分都是法裔，與美國人長得不大一樣，還講法文，宛如到了法國。而且法國人一般都討厭美國人粗俗沒有文化，魁北克人則不會，較友善且親切。

蒙特婁人除了親切友善，還真的很會開派對，特別是在夏天的時候，整個城市像大型的宴會場地。

蒙特婁的夏日盛典

當寒冷的冬天離開，蒙特婁六月就有一連串活動，從行程表上來看，分別有：

夏日路邊的露臺

爵士音樂季即將上場

1. 蒙特婁法語音樂節（Les Franco Folies Montréal），六月中舉辦十天。
2. 一級方程式賽車（Formula 1 Grand Prix du Canada），六月中舉辦三天。
3. 蒙特婁國際爵士音樂節（Festival International de Jazz de Montréal），六月底到七月初舉辦兩星期。
4. 蒙特婁國際煙火競賽（Montreal International Fireworks Competition），六月底到八月初的每個周末。

蒙特婁的夏日和冬日有天壤之別，冬天的大雪讓城市靜悄悄的，但到五月中之後，所有餐廳都會在路邊擺起露臺，讓客人可以在戶外喝酒吃飯，感受夏天的陽光。夏日的活動能夠召集多少人呢？粗略估計超過三百萬遊客，而蒙特婁也不過三百萬人。由於活動太多，我無法每個活動都參加，爵士音樂節和國際煙火競賽是我比較熟悉的活動。

蒙特婁國際爵士音樂節

爵士樂史上的重要人物都曾經到蒙特婁爵士音樂節表演，例如邁爾斯・戴維斯

（Miles Davis）、比比・金（B. B. King）、東尼・班列特（Tony Bennett）、鮑伯・狄倫（Bob Dylan）、諾拉・瓊斯（Norah Jones）等，而且很多知名樂手在此的現場表演都成為經典的黑膠，深印爵士樂迷心中。

現在全世界都在舉辦爵士音樂節，蒙特婁如何突出自己的特色呢？做為歐洲與北美文化的交會點，蒙特婁爵士音樂節同時邀請歐、美的樂手，讓不同風格的爵士樂在此上演。除此之外，我覺得成功的關鍵因素在於氣氛，這裡像一個隨興的派對。爵士音樂不是廟堂上的古典樂，需要輕鬆且愉快的氣氛，融入音符的跳動裡，邀請大牌音樂家演奏固然重要，但觀眾的參與更重要。

蒙特婁爵士音樂節以藝術中心前的廣場（Place des Arts）為主舞臺，附近十多個表演場所有些搭舞臺，有些則在路邊彈奏，兩個星期下來，免費的表演超過六百場，提供年輕、尚未成名的樂手在路邊或是城市各個角落表演，以獲得聽眾即時回饋，並磨練技術。爵士樂本來就是即興的演奏，需要和聽眾不斷對話，知名爵士女伶諾拉・瓊斯和黛安娜・克瑞爾（Diana Krall）就是在蒙特婁爵士音樂節得到大家的注意。

路邊免費的演奏

大家上臺一起狂歡

音樂表演從下午開始到深夜十二點，甚至還會擺臺鋼琴在路邊，讓即時想彈奏的路人也有表演空間。平日蒙特婁藝術中心附近車水馬龍，但一到夏日則是行人的天堂，這裡全是徒步區，讓觀光客可以漫步在音符中，路邊的商店、咖啡館和餐廳都架起露臺，讓行人可以在路邊喝酒、吃東西。

爵士盛典的起源

爵士音樂節兩周的期間就湧入了超過一百五十萬名遊客，這起源於一個音樂愛好者亞蘭・西馬德（Alain Simard）的創意，他本來在蒙特婁的舊城開設咖啡館並兼做藝廊，七〇年代以後開始關注爵士音樂，並且寫專欄和樂評。對音樂圈有一定的熟悉度後，他覺得要讓音樂人之間有個可以相互刺激的舞臺，觀眾也可以隨興自由選擇。一九八〇年，第一屆爵士音樂節沒有多少樂手參加，但由於營造的氣氛相當不錯，口耳相傳，往後每年參加的觀眾和音樂家愈來愈多，觀眾最多的一次超過兩百萬人，也在金氏世界紀錄上被列為「全世界最大的爵士盛典」（World's Largest Jazz festival）。

蒙特婁市政府從舉辦奧運的失敗中獲取教訓，知道舉辦活動不需建設大型場館，基礎設施花費太多，最後還可能變成蚊子館，維修的費用也很可觀。不如充實軟體，讓活動成為人與人接觸的場所，豐富表演內容，讓觀眾和表演者都能獲得成長，使城市成為人們和文化交流的聚會場所。

國際煙火競賽

當每年爵士樂的聲音逐漸平緩，七月的蒙特婁將迎接另一場炫麗的表演——來自世界各國的團體在舊港邊競技，展現目眩神迷的煙火秀。煙火秀是一瞬即逝的藝術，需要用電腦精確計算，在適當的時機釋放出最美的光景，氣候、溼度和溫度都影響煙火的美感。

舊港面臨聖羅倫斯河，空間上沒有遮蔽，非常適合欣賞煙火。我和太太習慣到舊港邊找個草坪，或坐或躺。在夏日的晚上，蒙特婁的氣溫約二十度上下，相當舒適，欣賞煙火一閃一滅，感受著人生瞬間且美麗的永恆。

九、二十世紀最成功的盛典：一九六七年蒙特婁世界博覽會

世博會讓蒙特婁成為北美和世界大城，也為爭取奧運埋下重要的種子。

蒙特婁是加拿大的第二大城，僅次於多倫多。然而如果問老一輩，都知道以往蒙特婁代表加拿大的繁華。六〇年代最為重要的盛典，也是加拿大人的驕傲，是前文提到在蒙特婁舉辦的世界博覽會（以下簡稱世博會），堪稱二十世紀最成功的世博會。

世博會是國家強盛的象徵

二〇〇八年，中國北京舉辦了第一次奧運；二〇一〇年，上海舉辦第一次世博會，兩項成就讓中國人覺得「站起來了」！可以在世界上與富強國家平起平坐。

世博會的確能展現國家富強，與人爭勝，其歷史可以追溯到一八五一年的英國世博會，當時建立的水晶宮成為展覽地標，在以鋼鐵和玻璃為結構的建築裡，採光良好，還可以在裡面種植樹木。世博會的商品並不販售，但它的展示象徵了先進的製造技術，預示未來科學與技術的發展。

世博會首先出現在英國並不是偶然，象徵著資本主義在英國快速的發展並向全世界輸出，也代表著技術、文化和國力都居世界之首。當時展出兩萬件最新的發明，包括機械織布機、巨型望遠鏡、水壓機、除草機等，說明工業革命之後，人類透過科技加速文明的進步。

世博會漸漸展示新科技成果和對未來的期待，例如二次世界大戰期間的世博會主題強調「和平」，而在二十一世紀則納入環保、慢食等世人關注的概念。

加拿大為什麼選擇在蒙特婁舉辦世博會？

蒙特婁世博會是為了慶祝加拿大獨立一百周年所辦的活動，在進入世博會之前，我們先瞭解六〇年代加拿大的情況。

現代的加拿大是七大工業國G7之一，可以與美、英、日、德、法、義平起平坐，關鍵在於戰後發展。加拿大在戰後從英國脫離，加上二次大戰期間本土沒有受到戰爭蹂躪，從一九五〇到一九七六年，經濟成長平均每年都達到四・四%，排名全世界第五。

除此之外，一般觀察國家富裕程度的平均國內生產總值，也就是國民每年的收入，加拿大也達到全世界前三名。在十幾年間，國民的生活富裕，物質條件大為進步。相較於美國資本主義模式，加拿大戰後則採取「福利國家」的政策，從一九六一年開始施行全民健保和各項福利。

經濟快速發展的加拿大，為什麼選擇蒙特婁做為世博會的場地？因為蒙特婁是當時加拿大人口最多的城市，跨國企業聚集於此，是加拿大極力發展的城市，希望將蒙特婁帶進世界。

填河造陸打造場地

蒙特婁世博會的工程不僅艱難，還是一項「無中生有」的計畫，本來打算在市中心的皇家山公園舉辦，但是市長德哈普堅持場地要在聖羅倫斯河上，所以必須填河造陸完成一座人工島。

本來聖羅倫斯河上有一座聖海倫娜島（Île Sainte-Hélène），但是世博會需要四百公頃，所以人工島就建在原有的島旁邊，稱作諾特丹島（Île Notre-Dame）。造陸是一項大工程，需要透過精密的計算才能保證陸地不會下沉。大量砂石必須從陸地由船運過來，這些砂石從地鐵工程而來。地鐵串聯將近三十二公里的通道，連接辦公大樓、商場、旅館、百貨公司和學校，讓市民在寒冷的冬天可以在地下生活，而挖掘地下的土石就成為人造島的基礎。

世博會的主題：人與世界

有了良好的硬體設施，加拿大與蒙特婁如何構思世博會的內涵？

六〇年代是風起雲湧的時代，二次戰後出生的嬰兒在此時正值年輕，對於以往的體制感到厭倦，美國、英國和歐洲都出現大量反政府的示威，年輕人不滿舊有的教育與文化。嬉皮提倡「愛與和平」，並且反對美國進入越南戰場。美、蘇兩國間的冷戰持續，兩派旗下的國家形成壁壘，加上核子危機四伏。剛從二次大戰走出來的加拿大人，開始思考人類與世界的關係：我們為什麼生活在同一個世界？

蒙特婁世博會的主題為「人與世界」，由當時加拿大知識分子相互討論所形成。當時的專員皮耶・杜皮埃（Pierre Dupuy）說出了核心想法：

世界是往整合的路上走的。

希望世界在和平與社會正義的理想下團結，他們相信技術愈進步，人類的社會就會愈和諧，而由核心概念又分出五個小主題：

- 人類—探索者：呈現人類對於太空、海洋、生命和極地的探索，在科學技術上不斷突破未知的領域。
- 人類—生產者：呈現當時最先進的工業產品，並對通信技術的開發充滿期待。
- 城市中的人類：說明了過度城市化所造成的環境壓力與問題。

世博會的美國館（現在的自然生態博物館）

世博會的法國館（現在的蒙特婁賭城）

因世博會而蓋的寬敞明亮地下城

因世博會而蓋的地鐵

● 人類—供給者：說明人口爆炸造成食物供給問題，透過農業的高科技化提高生產量。

● 人類—創造者：透過繪畫、影像、雕刻等藝術形式，展示藝術與人類社會發展，提升人類的精神層次。

「人類與世界」的確是好題目和大哉問，需要透過產業、技術和藝術追求集體進步。這次世博會顯示加拿大在經濟繁榮過程中所展現的自信，一個剛崛起的國家如何思考人類與世界的關係。

史上最盛大的活動

法國最具影響力的報紙《費加洛報》，稱當時的世博會是「史上最盛大的活動」，並非過譽，在逾六個月的活動中，超過五千萬人入場，堪稱歷史上最受歡迎的博覽會。世博會除了讓觀眾得到教育，也是好玩的地方。為了世博會開設的拉洪德（La Ronde）遊樂場，引進當時最先進的娛樂施設，五千萬個遊客中，有一半是為此而來，除了遊樂場外，還有水族館和馬戲團等吸引觀眾。

五十年前的光芒仍在閃耀

世博會的光芒閃耀了全世界，將近五十年後仍然可以在蒙特婁看到痕跡，像當初的美國館，如今改成「自然生態博物館」，以網格狀球頂蓋成的展覽場可以看到雨林、極地、加拿大落葉林和聖羅倫斯河等不同生態區。建築由美國發明家和未來主義者理查・福勒（Richard Buckminster Fuller）設計，參展時內部分成數百個單位，各自象徵美國文化的一部分，像太空梭、棒球、雷鬼音樂、安迪沃荷的畫等，展示美國的多樣化，本來呈現文化多樣化的美國館，如今成為展示生態多樣性的博物館，有異曲同工之妙。

同樣仍在使用中的還有Habitat 67，為了和「人與世界」的主題呼應，世博會決定不只要蓋展示的場所，還要透過博覽會的概念設計人類的具體住居空間。麥基爾大學畢業的薩福笛（Moshe Safdie）在競圖中獲選，他的理想是推出中低收入者都可以買得起的房子。將每一間房子都視為一個模組，類似一塊積木，統一製造出來之後再將一塊塊模組以不規則的方式集合起來。六〇年代人口爆炸，而且大量湧入城市，建築師開始思考如何讓每個人擁有足夠的居住空間，卻又不喪失隱密

未來居住空間（Habitat 67）

性和人性化的需求。他設計的空間都有陽臺，採光和綠地也都考慮進去。

現在走過聖羅倫斯河畔，還看得到當時所蓋的建築，類似堆起的物櫃，像未來世界的場景。這裡本來是鎖定給中低收入戶的住宅，但在七〇年代原有的住民搬出去後，一度沒有人居住，後來由一批設計師、藝術家和設計師買下，並改裝成個人工作室，加進現代化設備和裝飾，使老屋變得很「潮」。

光彩炫麗下的陰影

加拿大這個北方的寒冷國家，當時人口只有兩千萬，透過世博會讓大家耳目一新，也替國民帶來驕傲感。在沒有網路的時代，世博會一直是傳播人類最新技術和文化交流的場所，也是相互激盪出新想法的地方。

光彩炫麗的世博會讓魁北克走向一條不同的道路。在蒙特婁世博會舉辦期間，法國總統戴高樂（Charles de Gaulle）做為來賓，卻在市政廳大喊：「自由的魁北克萬歲！」

在魁北克舉行的世博會，難道不是魁北克人的驕傲嗎？為什麼他們想要脫離繁榮和平的加拿大呢？這是蘊含在繁榮下的不穩定種子，也是日後魁北克人想脫離加拿大的原因，我們將在接下來幾章討論。

Chapter 2

為什麼魁北克人想獨立？

一、全世界「最上相」的旅館：芳堤娜城堡

不管從哪個角度看，首先映入眼簾的一定是芳堤娜城堡（Le Château Frontenac）——魁北克最美麗的天際線。

聖誕節前幾天開始放假，我通常會離開魁北克大城蒙特婁，前往魁北克市度假，這裡是北美最古老的城市，有超過四百年的歷史，整座城市被聯合國教科文組織列為「世界遺產」，宛如歐洲小鎮一般。

進入魁北克市，不管從哪個角度看，首先映入眼簾的一定是芳堤娜城堡——魁北克最美麗的天際線，也是加拿大的歷史性地標（National Historic Site of Canada），在旅行玩家的眼裡還是金氏世界紀錄「全世界最上相的旅館」（the most photographed hotel in the world）。

遠望芳堤娜城堡

近觀芳堤娜城堡

城堡由美國建築師布魯斯・普萊斯（Bruce Price）設計，以新法蘭西總督的名字命名，在一八九三年開幕，已經走過一百二十多個年頭。後來擴充成超過六百間客房的大型旅館，加拿大建築師威廉・麥克斯威爾（William Sutherland Maxwell）將原來的建築融入，擴建中間的高塔，使得原來的建築有如城牆，整體像一座大型城堡。

城堡一開始就是以頂級旅館的設備和裝潢為目標而設計，飯店靈感來自法國羅亞爾河岸的城堡，帶點中世紀與文藝復興風格，有著青銅色的屋頂和磚紅色的外牆。這裡是聖羅倫斯河畔上的制高點，可以俯瞰向東流逝的河水，景致絕佳。當加拿大太平洋鐵路公司聯通了魁北克市的鐵路後，各地的聯絡更頻繁，飯店的需求也增加，而這裡的客群都是金字塔頂端的賓客。

城堡在魁北克中心，周邊是聯合國教科文組織所登記的世界遺產：魁北克舊城、皇家廣場、聖母院、星形要塞都是魁北克很重要的歷史古蹟。城堡雖然只有一百多年歷史，但與魁北克市兩、三百年的建築互相搭配，各具風格又互相融合。這裡見證了很多歷史性的場景。英國的喬治五世和伊麗莎白女王曾在一九三九年下榻此地；第二次世界大戰期間的魁北克會議，邱吉爾、羅斯福和加拿大總理麥肯齊・金（William Lyon Mackenzie King）也在此決定了諾曼第登陸的計畫。

聖誕節前幾天，我和太太前往魁北克市度假，這裡的冬日一如往常地被白雪覆蓋，潔白的城市中，芳堤娜城堡青銅色的屋頂與磚紅色的牆面更加凸顯。我們中午在聖誕市集品嘗農產品，買了些乳酪、葡萄酒和香腸，入住城堡。當晚風雪大作，從旅館的房間望出去，聖羅倫斯河上白茫茫一片，看不見對岸。城堡的古典裝潢、雅致氣氛，使我們宛如穿越時空。晚間在酒吧各點了杯經典的雞尾酒，聽著爵士女伶演唱，在法語的魁北克，爵士樂增加不少法語歌，充滿浪漫香頌的氣氛。

爵士樂結束時已接近深夜，外面的大風雪漸漸停歇，寧靜而安詳。風雪結束的隔天，我們到昔日「新法蘭西」的首都魁北克市，進行一場歷史之旅。

宛如歐洲小鎮的魁北克市

二、魁北克就是加拿大：法國人發現美洲

講法語的魁北克人想從加拿大獨立出來。然而，最早的加拿大人卻是魁北克人。是不是很諷刺？

冬日的魁北克市被白雪覆蓋，在石板路上的歐式建築不像北美其他城市的風格，市政廳的對面、聖母院旁，一棟十七世紀中期留下的小型博物館，見證了英、法在美洲勢力的消長。

美洲法蘭西博物館（Musée de l'Amérique francophone）

前身為魁北克天主教修道院（Séminaire de Québec）的博物館建於一六六三年，是當時新法蘭西的第一任主教拉瓦爾（Francois de Laval）所建立，後來改建成博

物館，成為加拿大歷史最悠久的博物館。一九九四年更名為「美洲法蘭西博物館」，以提倡或保存美洲的法蘭西文化。魁北克的法裔移民長期以來身處北美大陸以英語為主的英國移民後裔中，淹沒於英語海洋，為了生存，避免被周圍的族群同化，所以強調自身語言和文化認同。

十八世紀，法國人在北美的殖民地從新芬島（Newfoundland）到密西西比河流域，比英國在北美的領土還大。地域廣大的殖民地都歸屬於新法蘭西總督管轄，而由於領土過於龐大，區分成三個地區：阿卡迪亞（Acadia）、加拿大（今魁北克）和路易西安納，由身在加拿大的省長負責新法蘭西的政務。

加拿大就是魁北克

新法蘭西的管轄地，除了魁北克以外，大部分位於現今的美國境內。除了有些地名可以透露以往為法國殖民地的身世，現在的語言和認同卻是英語和美國。當我逛完博物館不禁好奇，新法蘭西管轄下的加拿大，其實就是今日的魁北克，難道魁北克就是加拿大嗎？

我們現在很自然地將加拿大視為國名，一個在北半球、美國北方的國家，領土位於太平洋與大西洋之間，北面直達北極，領土為全世界第二大國。

至於加拿大人呢？以我們現在的想法而言，在加拿大出生或擁有加拿大國籍的人是加拿大人，也多半把白皮膚、英國移民或是歐陸移民，好幾代都居住在加拿大的人當做加拿大人。如果對於加拿大稍微有所認知，可能還知道加拿大東岸有一個省叫魁北克，以法蘭西移民為主要族群，幾十年來尋求獨立。

如果我說加拿大或加拿大人最早指的是說法語的法蘭西移民，主要居住在現在魁北克的南部，這樣的說法或許和大多數人的認知不同了。尋求獨立、講法語的魁北克人想從加拿大獨立出來。然而，最早的加拿大人卻是魁北克人。是不是很諷刺？這段歷史可以從五百年前，加拿大被發現開始講起。

大航海時代

十五世紀末的大航海時代，歐陸國家西班牙、葡萄牙或是法國，紛紛派出探險家尋找新大陸，哥倫布幸運地成為最有名氣的探險家，「發現」早已有人居住的北美大陸。

其實歐洲人當時是想航行到亞洲，與中國貿易，他們讀了《馬可波羅東遊記》，知道遙遠的東方相當富庶，印度、爪哇和中國似乎充滿黃金、香料和珍貴的物資。尋求到達亞洲的捷徑是所有歐洲王室的渴望。有些探險家們覺得地球是圓的，往西走可能是到中國最快的路徑，所以紛紛往西航行。

歐洲人一開始在北美大陸的海岸和加勒比海地區航行，逐漸意識到這是另外一個大陸，而非亞洲，所以想走入美洲大陸深處，看能否找到前往中國的辦法。

法國出身的卡地爾（Jacques Cartier）受命於國王法蘭西斯一世，尋找通往亞洲的捷徑。歷經二十天航行，他第一次的美洲航行到現在加拿大的新芬島，發現聖羅倫斯河，第二次的航行則沿著聖羅倫斯河往上游行駛，回報給法蘭西斯一世的信中提到「聖羅倫斯河是他見過最雄大的河流」。

冬日的魁北克市被白雪所掩蓋

魁北克市一景

印地安人回答：這裡是加拿大

一行兩百多人的船隊繼續向北美的內陸挺進，隨行的翻譯詢問印地安人此處的地名，他們回答：「加拿大（kanada）。」為村莊和聚落之意。在一個破曉的早晨，卡地爾在聖羅倫斯河上望著兩旁的景色，寫下：「這裡就是加拿大省和領土開始的地方。」所在地即是今日魁北克省南方。

再往上游走，原住民稱此地為「魁北克」，指的是河岸變窄之處，也就是後來的魁北克市。一五三四年到一五四三年，卡地爾在聖羅倫斯灣探險，並沿著聖羅倫斯河往上游航行，直到今日的蒙特婁。蒙特婁是聖羅倫斯河上的一個小島，島上最明顯的就是一座海拔兩百多公尺的小山，卡地爾將它命名為皇家山，之後法國探險隊持續在北美內陸探險，到了北美的五大湖區，本來想在這裡建立長久的殖民地，但是因為天氣太過酷寒而做罷。

十六世紀中期法國在加拿大的官方探險活動，後來因為國內局勢不穩而停止，然而民間商人經常在加拿大海岸捕魚，或是沿著聖羅倫斯河和印地安人交易毛皮。

利潤豐厚的毛皮貿易

為什麼歐洲商人想要渡過大西洋和印地安人交易毛皮？跨過大西洋不是渡過一條河那麼簡單，不花十個月或是一年沒辦法回來，而且當時來往一趟，船員因為疾病感染會有十分之一左右在途中死亡。賠錢的生意沒人做，殺頭卻賺錢的生意還是有人做，歐洲此時的毛皮工藝進步，並且興起一股毛皮的流行，成為奢侈品之一。

毛皮貿易不像現在到韓國或是日本跑單幫，批貨回臺灣賣這麼簡便，必須有大商人投資，並且最好能夠在加拿大找到根據地和倉庫，先收集起來再整批運回歐洲。當時法國的商人們就集資組成公司，並向國王要求毛皮交易的壟斷權。

然而，法國國王在加拿大沒有統治權，發出毛皮交易的壟斷權就成為很弔詭的事。再加上國王不願意花太多錢調動軍隊到加拿大殖民，建立永久據點，所以商人們必須自己想辦法，如果和不同國家的商人起了衝突，或是被印地安人襲擊，必須靠自己的力量生存下來。

聖羅倫斯河

聖羅倫斯河畔的魁北克市

聖羅倫斯河谷的毛皮生意相當興盛，法國人在一六〇八年於加拿大設立永久據點，就是現今的魁北克市，當時稱為鑽石角（Cape Diamond），得名是因為從遠處可以看到閃亮有如鑽石色澤一般的山岬。

新法蘭西之父

建立魁北克城的重要人物是山姆・德・尚普蘭（Samuel de Champlain），後世稱他為「新法蘭西之父」。他不是毛皮商人，但幫毛皮商人設立了永久性貿易地點。他是一名探險家和地理學家，同時也希望把天主教傳播到新大陸，讓這群「野蠻」的印地安人得到「教化」。他透過毛皮商人調查印地安人的習俗，知道其中的休倫人和易洛魁人長期為了毛皮交易相互衝突，決定幫助休倫人襲擊易洛魁人的村莊。

由於加拿大的冬天太過酷寒，從一六〇八年到一六二〇年，法國移民人口才九十人左右，但是尚普蘭憑著決心和毅力，逐漸拓展殖民事業。他知道法國在新大陸的人數單薄，不能用武力和印地安人硬碰硬，要設法維持良好的關係。除此之外，還召募法國修道士來此處傳教。一六三五年，一生都奉獻給法國殖民事業的尚普蘭死於魁北克城，在他過世前幾年，法國國內的局勢開始改變，這也影響了加拿大的命運。

新法蘭西公司

路易十三晚年的輔政大臣利希留（Armand de Richelieu）有感於英國成為海上強權，而且北美的殖民事業為國家帶來巨大利益，因此於一六二八年成立「新法蘭西公司」，想模仿英國稱霸海上。雖然名為公司，實際上在新法蘭西擁有財產、司法和行政的權力，公司履行國王的義務，必須在十五年內帶領超過四千人前往加拿大，而且負責傳教士的生活所需。

由於得到新法蘭西公司支持，聖羅倫斯河兩岸的法國人多了起來。天主教會也開始設立學校，讓孩子們可以在這裡接受教育，相關的醫療設施也跟著建立。後來的法語大城蒙特婁，當時叫做瑪莉鎮（Ville Marie），有許多移民開始在此農耕。

強勢的路易十四與加拿大

路易十三過世之後，有「太陽王」之稱的路易十四繼位，對於加拿大又有不一樣的想法。當時法國國內對於殖民事業看法分歧，知名的哲學家伏爾泰（Voltaire）就曾輕蔑地說：「加拿大不過就是幾畝雪地。」

好大喜功的路易十四決定要在世界各角落看到法蘭西的光芒，在他的統治下，法國進入盛世，決定以新法蘭西為海外事業的根據地，向新大陸其他地方發展。

路易十四在一六六三年將新法蘭西改制，成為法國的一省，得以擁有相關的政治、財政組織。新法蘭西與英國殖民地新英格蘭的不同之處，在於後者的領導階層有選出的議會，治理上占有重要地位；新法蘭西則直接受法國控制並附屬於王室，省長由法國國王任命，住在現在的魁北克市。

新法蘭西聚落很容易受印地安人侵擾，以往無法控制，但路易十四對原住民的態度是強硬且殘忍的，在回覆新法蘭西總督要求增兵的信中，氣勢駭人地寫著：

「兵臨城下，且將他們滅絕。」軍隊沿著聖羅倫斯河建立防衛的聚落，沿途占領原住民的土地。十七世紀晚期，法國人在新大陸站穩了腳步。

早期的新英格蘭移民絕大多數來自英國或是歐洲大陸自願性移民，但新法蘭西的移民大多是被政府移送過來，主要來自法國的諾曼第和鄰近地區，還有巴黎。當時跨越大西洋不是一件輕鬆的事，航行技術尚不發達，航程從三周到三個月都有可能。船艙的設備相當簡陋，衛生條件也非常惡劣，一趟行程下來，死掉的乘客如果少於十分之一就可算是好的旅程。

國王的女兒

由於前往加拿大不容易，政府為了鼓勵法國人到加拿大，除了提供耕種的土地，還幫忙媒合結婚，讓他們在新大陸落地生根。從法國到新大陸的人大部分是男性（士兵或農民），多半找不到結婚對象，路易十四因此決定將「國王的女兒」下嫁給新法蘭西子民。

新法蘭西的總督強・塔隆（Jean Talon）向路易十四請求送五百名婦女到新大陸，國王應允了這個要求，在國內召募，沒想到來了兩倍的人數。

這些女性會被稱為「國王的女兒」，是因為可以從國王那裡得到五十里爾（法國古代貨幣單位名稱之一）做為嫁妝，還可以獲得旅費。到了加拿大，如果和士兵結婚，獲得的嫁妝更多。當時在新大陸的「羅漢腳」們孤單太久，對於這些從法國來的姑娘相當傾心。上岸一個月內成婚的超過四分之三，這些「國王的女兒」們在家鄉過著貧困生活，找不到好對象，所以往往一到加拿大就迅速完成終生大事，落地生根。

經過路易十四的規劃，新法蘭西人口逐漸上升，十七世紀晚期，人口已經超過七千人。然而，榮景只是曇花一現，當路易十四陷入歐洲紛爭，和英國起了衝突，竟然拱手將幾十年的成果送給別人。這批留在加拿大的法蘭西移民，成為被拋棄的孤兒……

三、生在百合下，長在玫瑰下：英國征服加拿大

加拿大人有共同的敵人——美國人，英裔與法裔之間平時雖有不合，但是遇到敵人時必須團結，維護加拿大。

美國和加拿大的汽車車牌上方是州名或省名，中間是數字，下面則是代表各州的座右銘，象徵一州的精神或最吸引人的事物，舉例來說：麻州（Massachusetts）車牌上寫的是「美國的精神」（The Sprit of America），標榜在美國歷史上的重要性；而財大氣粗的紐約則寫著「帝國之州」（The Empire State）。

永誌難忘（Je me souviens）

魁北克車牌上寫著「永誌難忘」，是爭取獨立的魁人黨上臺後修改的。一九七八

年以前寫著「美麗之省」（La Belle Province），沒有特別的政治意涵，而「永誌難忘」從何而來？

一八八三年，魁北克省議會大廈建築師塔謝（Eugène-Étienne Taché）將這句話刻在議會大廈主入口的省徽石頭下。一九七八年，魁人黨政府宣布將這句話放於車牌上。

有車主反應這句話可能產生的爭論：到底要記得什麼？塔謝的孫女海倫在報紙上說明這句話擷取自一段話：

我永遠記得，我生在百合（法國的象徵）下，長在玫瑰（英國人的象徵）下。

原本是法裔移民的新法蘭西，成為英國殖民地，移民們成為被拋棄的孤兒，獨自在加拿大生存，他們記得自己講法文，卻被英國人統治。這段歷史得從新法蘭的陷落開始講起。

魁北克的車牌上寫著「永誌難忘」（Je me souviens）

新法蘭西的陷落：英法「七年戰爭」

新法蘭西如何被英國人統治？起因於英法「七年戰爭」。英、法在歐洲長期處於競爭狀態，在北美大陸的殖民地擴張也是如此，零星衝突不斷。英、法在歐州因為奧地利皇室繼承的問題產生衝突，除了在歐洲發生海戰，殖民地也開打。

在新大陸的擴展，英國主要占據北美大陸的東海岸，法國則透過聖羅倫斯河進入北美大陸腹地，占領五大湖到路易西安納一帶。獲取戰役最後成功的方式就是控制聖羅倫斯河，法軍的指揮中心位在聖路易斯堡和魁北克城，一個位於聖羅倫斯河河口，一個則在中游。

戰爭一開始時，法軍元帥蒙特卡姆（Louis-Joseph de Montcalm）在陸上戰役掌握了情勢，重創英軍，但是英軍擅長海戰，戰事逐漸扭轉。英軍在一七五八年將海軍主力集中在路易斯堡的戰役，派三十九艘軍艦，將近三萬人的部隊發動總攻，只有七千人和十艘軍艦的法軍在路易斯堡不敵英軍攻勢。

路易斯堡被英軍占領後，補給線被英國人控制，新法蘭西無法得到法國本土援助，只能靠自己的力量對抗英國人。法裔移民展現高度的團結與民族氣節，駐守魁北克城的居民，從軍人到平民、從十三歲少年到七十歲老翁都加入戰役。魁北克城最後被英軍攻下，但是法軍堅守崗位，抵死不從，死亡人數在七千人左右，超過當時加拿大法國移民人口的十分之一。

首都魁北克陷落，代表法國在北美大陸殖民事業的終結，法國王室雖然有意經營，但整體發展已經趕不上英國，隨著英、法在歐洲「七年戰爭」的爆發，也影響新大陸局勢。一七五八年，當時英國在北美十三州殖民地的軍隊和海軍進攻新法蘭西。由於法國在歐陸已經焦頭爛額，無力援助加拿大，加上在新大陸的英、法移民人數懸殊，在不對等的戰爭中，法國放棄了在新法蘭西的殖民事業。

法國雖然放棄了加拿大，但是法裔移民將近一百五十年來的成就，讓法語、天主教、社會習俗和結構根植於加拿大，沒有隨著殖民母國的退出而有改變，而且，因為生活在英國統治下，加拿大人帶著「被拋棄」的心態，在新大陸上繼續與英國人鬥爭。

新法蘭西的陷落不是加拿大歷史的終結，而是開始。

英國採取寬容政策治理

決定新法蘭西命運的是一七六三年英、法在法國所簽的《巴黎條約》，法國波旁王朝的子民成了大英帝國的一部分，天主教信仰遇到了英國新教、英語碰上了法語，法裔移民如何適應英國的政治制度和法律？

英國人對於留在新大陸的法裔移民採取較為寬容的政策，初期的軍政府准許他們繼續信仰天主教，而且所有居住在加拿大的人都可以選擇留在當地或是返回法國，但只有少部分加拿大人選擇回到法國。留在加拿大的法裔移民仍然維持農耕生活，只是繳稅的對象換成了英國人。英國軍隊為了安撫加拿大人的情緒，最高指揮官詹姆斯・穆雷（James Murray）命令軍隊不准擾民，還要在收穫的季節幫忙收割，並進行社區服務，讓加拿大人在被占領的初期對英國人普遍具有好感。

穆雷贏得了加拿大人的愛戴，當軍事占領結束後，繼任的總督蓋・卡爾敦（Guy

Carleton）採用更懷柔的政策，促成一七七四年的《魁北克法案》，重點在於維持原來的法律、制度和宗教，卻意外成為美國獨立的導火線之一。

北美十三州不滿《魁北克法案》

英國征服新法蘭西後，總督由英國國王派任，此時英國在新大陸有十三個州採用英國式議會民主，後來獨立成美國；然而加拿大卻維持原有的領主和佃農的制度（連法國都在一七八九年大革命後廢除此制度）。對於加拿大人而言，天主教不只是宗教而已，教會還可以徵集十一稅，並負責教區的文化、衛生和教育。在制度上，除了刑法必須比照英國，其他一切照舊。

《魁北克法案》還確認魁北克省除了原有的聖羅倫斯河，還包含五大湖、俄亥俄和密西西比河間的所有土地。法案讓法裔移民非常滿意，新的統治者尊重原有文化、語言和制度；但是，新大陸的英國人就有不同的意見了，他們在「七年戰爭」中拋頭顱、灑熱血，將法國勢力趕出北美，就是為了占據這塊土地，並控制毛皮貿易，《魁北克法案》卻讓他們的心血白費，無法染指這塊北方土地。

北美十三州對於英國政府的決定無法苟同，《魁北克法案》甚至成為美國宣布獨立的導火線之一，《獨立宣言》中清楚地載明：

在一個鄰省廢除英國的自由法制，在那裡建立專制政府，並擴大該省的疆界，企圖把該省變成既是一個樣板又是一個得心應手的工具，以便進而向這裡的各殖民地推行同樣的極權統治。

玫瑰與百合共同合作

北美十三州殖民地的人民群起反抗英國統治，打算攻下加拿大。本來加拿大境內的英、法裔族群有時還因為意見不同而爭吵，但美國人的入侵讓他們意識到彼此是生命共同體。美國不只一次入侵加拿大，下一章將繼續說明。

四、說話的政治、語言的認同：魁北克的法語很奇怪嗎？

透過魁北克人對於法語的追求，英語族群也學會尊重法語對於魁北克認同的重要性，兩方雖然有衝突，但都願意尊重和妥協。

來蒙特婁讀書之前，我曾經在巴黎居住半年，為的是日後能在蒙特婁求學及生活，我的學校麥基爾大學雖然講英文，但是出了校園就是法語世界。我在巴黎大學的語言學校認真地學法文，每天除了學習文法，還到聽力教室上課。雖說是聽力教室，但裡面也有正音訓練。

年過半百的老師，私底下相當親切，但是一到課堂上就展現權威，針對每個人的發音字斟句酌，還對著我拍桌子說這個字不是這樣念。老師不只這樣對我，對每個人都這麼「認真」地教學。對法國人來說，語言不只是發音正確而已，還是重要的文化與國家認同，所以會無止盡地糾正別人的發音。

為什麼我們愛法國卻不愛法國人？

被糾正發音的不只是我，也包括以法語為母語的魁北克人。兩個魁北克的記者住在法國一年，寫了一本《六千萬個法國人錯不了：為什麼我們愛法國卻不愛法國人》（*Sixty Million Frenchmen Can't Be Wrong: Why We Love France but Not the French*），提到他們在巴黎時不斷地被糾正發音與腔調，法國人還會嘲笑他們的口音。

在北美，糾正別人說話的腔調帶有侮辱的意味，但是法國人並不覺得如此。出身魁北克的歌手席琳・狄翁（Celine Dion）以法文接受法國電視臺採訪，旁邊還打上法文字幕（一般國外的電視沒有上字幕，除非是講不同語言）。以法語為母語的魁北克人卻被嘲笑說得不標準，就好像中國人說我們的中文腔調有問題一樣。

當我準備前往蒙特婁，法國朋友不忘提醒我；「魁北克人的發音很奇怪。」

英語和法語最大的差異在於，英語不只英國說，美國人也說，通用世界多數地方，所以我們可以忍受英國腔、美國腔（每個地方又不同）、印度腔、新加坡腔，美國腔的人還經常開英國人的玩笑，覺得他們的英語顯得做作。但是法語的中心無疑就是巴黎，雖然魁北克人、海地、北非等很多國家都說法語，但是巴黎的法語可以說是標竿，與他們不同的都必須被糾正。法國人什麼時候開始這麼注重發音？

其實，法語的「保護」與「純化」運動並不是由法國人開始推動的，他們是學魁北克的政策，進而開始「保護」法語。這要從魁北克人被法國遺棄開始。

魁北克維持法語的古典用法

北美大陸東部聖羅倫斯河南北岸的土地，以往稱為加拿大，就是現在的魁北克，這塊土地一開始為法裔移民居住，在十八世紀中期英、法的「七年戰爭」中，法國人輸了，魁北克在《巴黎條約》被割讓給英國，由英國國王統治了說法語的加拿大人。

現在的法國人雖然嘲笑魁北克人的法語，但是十九世紀到魁北克旅行的法國人卻不這麼認為，法國知名的政治哲學家托克維爾（Alexis de Tocqueville），曾寫下相當知名的著作《民主在美國》，文中記錄：

加拿大讓我們感到非常好奇，因為這個講法語的民族完美無缺地保存在那裡，仍然具有路易十四時代的語言和風俗。

托克維爾在一八三一年到魁北克旅行，那時的加拿大已被英國統治超過七十年，他發現魁北克人的法文保持著古典用法。或許因為法國大革命，舊有的王室被推翻，一般人不知道怎麼說、怎麼用以往皇宮中的典雅法文，而未受歷史革命洗禮的加拿大卻意外地保存著以往法國固有的風俗習慣與語言。

英國統治者本來不把講法語的魁北克人放在眼裡，只要他們按時間繳稅就相安無事，所以讓天主教、法語和當地的民俗習慣一切照舊。但是，美國獨立戰爭後，英國在北美的土地只剩加拿大，講法語的法裔加拿大人甚至比英裔來得多。

英國人認為法裔加拿大人沒有文化

當時在北美的法裔和英裔族群經常因為生活習慣不同，或是毛皮生意產生衝突，英國政府自然維護英裔的權益。在托克維爾到達美國的同一時期，一八三〇年的《德拉姆報告》（*Durham Report*）堅持同化法裔的加拿大人，想迫使他們融入英國的文化和語言。報告大肆批評了法裔加拿大人，說他們沒有文化又沒有歷史。

法裔加拿大人對這個政策大為反彈，與英裔族群爆發好幾次衝突，最後，英國政府只好採取較緩和的手段。雖然法裔加拿大人不願意講英語，堅持使用原來的語言，但對魁北克人而言，講法語不是懷念法國（他們不想回到法國），而是在面對英語族群時，彰顯不同身分的認同方式。也因為法裔加拿大人其實並不喜歡法國，所以第一次世界大戰時，魁北克領袖反對加入歐洲戰場，只想在新大陸上保護自己的家園。

第二次世界大戰之前，法裔加拿大人主要居住在農村中，信仰天主教，當時加拿大人口最多的城市蒙特婁雖然是法語城市，但是管理階級主要說英語，勞工大眾則講法語。法語人士在加拿大社會中有著被視為次等語言的憤怒，伴隨著階級差異。

魁北克在五〇年代，隨著城市化加速，產生了一批新興的法語中產階級，這批都市中的專業人士開始爭取法語在加拿大社會中的地位；隨著魁人黨成立，以及魁北克民族主義崛起，希望建立高度自治的法語省分。

魁人黨堅持使用法語

在推動法語政策上，魁北克在一九六一年成立「法語辦事處」（Office de la langue française），除了提倡法語之外，最主要的目的在於「純化」其用法。由於長期與英語族群相處，很多魁北克法語受到英語影響，所以「法語辦事處」主要的工作是建立標準的法語以對抗英語。

魁北克人口大約八百萬，其中超過七百萬人講法語，周圍則是三億的英語人口。魁人黨領袖瑞內・勒維克（René Lévesque）的名言：「魁北克人在北美英語世界的海洋中，喪失了他們的語言。」因此，魁北克政府開始研議語言法規，詳細規範各種標誌及大眾傳播出現的英語，還有英語學校的招生人數，這些規範英語的政策在七〇年代後期才在法國推行。

魁人黨於一九七六年成為魁北克的執政黨，伴隨著高漲的民族主義情緒，語言成為政治認同很重要的一部分。由於魁北克第一大城蒙特婁在當時也是加拿大的最大城市，許多跨國公司和重要的金融中心都設立在這裡，因此聚集很多說英語的企業，當時進入魁北克的移民大部分也以英語人士為主。

魁人黨怕英語稀釋魁北克的法語人口，在一九七七年通過了《法語憲章》（la Charte de la langue française），也就是《一〇一號法案》（Bill 101）；自此法語成為魁北克的正式官方語言，在公共領域都必須使用法語，人數超過一定數量的公司也必須使用法語。

在魁北克追求獨立的過程中，以往他們強調的是天主教信仰、共同的歷史（例如法裔族群受到英裔族群壓迫的過程）和法語。在現代化的社會裡，天主教逐漸喪

勒維克雕像

瑞內・勒維克，魁人黨創黨領袖，第二十三任魁北克省長，1922年生，1987卒。

失做為認同的核心，而法語成為凝聚魁北克的重心。

魁北克境內的英語族群則相當反對法語做為單一語言，認為魁北克官方是「法語獨裁」。政治過程往往激化雙方的對立差距，但實際生活中，英、法語族群其實沒有那麼對立，兩種語境在蒙特婁替換得很自然，每一個人基本上都是法、英語交錯，有時候甚至以兩種語言對談。

師生超過三萬人的麥基爾大學位於蒙特婁市中心，卻是一所英語授課的學校，學生可以選擇以英、法文來繳交報告和論文，教授如果無法批改，必須請求協助。相較於我在法國生活的經驗，在法國不講法文或是講不流利的法文，有時會遭人白眼，但是魁北克對於語言包容性較大，別人會有耐心地聽著你說完不流利的法文或是英文。

透過魁北克人對於法語的追求，英語族群也學會尊重法語對於魁北克認同的重要性，兩方雖然有衝突，但都願意尊重和妥協。

五、為「祖國」而戰？加拿大、魁北克與第一次世界大戰

為國捐軀、為信仰而獻身、為財、為情、為仇，上戰場需要動機、需要理由。如果戰士們找不到理由而戰，所奉獻的不是認同的「祖國」……

每年的十一月十一日接近十一點時，麥基爾大學校園內會響起二十一聲禮炮。這一天是加拿大的「回憶之日」（Remembrance Day，一般翻譯成「國殤紀念日」），美國則是退伍軍人日（Veterans Day）。加拿大人習慣配戴一朵紅色的罌粟花以資紀念，然而這一天是紀念第一次世界大戰停戰的日子，在魁北克省除了麥基爾大學和聯邦官署，大家對此並不關心。

「回憶之日」是要大家記住戰爭的恐怖，並且悼念死傷者。對魁北克人而言，第一次世界大戰的徵兵歷史，是一場民族間的傷痛，是一段法裔加拿大人被壓迫的

記憶。很多人不瞭解加拿大與第一次世界大戰的關係，但在戰場上最後一個死亡的士兵是加拿大人。第一次世界大戰不是在歐洲境內嗎？加拿大也參加第一次世界大戰嗎？

加拿大不僅參加第一次世界大戰，還造成大量傷亡，引起國內不同族群的衝突。

第一次世界大戰促使加拿大走向獨立

一九一四年開始的第一次世界大戰，對當時的人而言，是規模最龐大的戰爭，直到一九一八年的十一月十一日上午十一點結束。

加拿大境內紀念活動最盛大的地點在渥太華國會山莊（Parliament Hill）。停戰的十一點，眾人默哀兩分鐘，儀式在禮炮中開始，眾人齊唱加拿大國歌。當戰機飛過國會山莊上空，身著短裙的蘇格蘭儀隊吹著風笛。典禮結束後，來賓將身上配戴的罌粟花獻於國家戰爭紀念碑（National War Memorial）前，數不盡的鮮紅色花朵壯觀而淒美。

加拿大紀念第一次世界大戰的活動

加拿大軍醫約翰・麥卡雷（John McCrae）為了悼念戰場上陣亡的朋友，在一九一五年寫下詩作〈在法蘭德斯田野上〉（In Flanders Fields）：

In Flanders fields the poppies blow
Between the crosses, row on row,
That mark our place; and in the sky
The larks, still bravely singing, fly
Scarce heard amid the guns below.
We are the Dead. Short days ago
We lived, felt dawn, saw sunset glow,
Loved and were loved, and now we lie
In Flanders fields.
Take up our quarrel with the foe:
To you from failing hands we throw
The torch; be yours to hold it high.
If ye break faith with us who die
We shall not sleep, though poppies grow
In Flanders fields.

法蘭德斯戰場，紅罌粟花盛開。
我們浴血之地，如今十架林立。
雲雀振翅悲鳴，槍聲難得再響，
我們曾經光陰，也有人間親情，
倏忽飄離人世，如今長眠沙場，我們手已低垂。
兄弟請接火炬，繼續戰鬥到底，
倘若背棄遺願，即便花開遍野，我們怎能安息？

翻譯引自臺灣維基百科〈加拿大陣亡將士紀念日〉詞條

這首詩一開始沒有廣為流傳，後來卻成為加拿大人重要的歷史記憶，甚至被大家天天帶在身上——十元面額的舊版加幣上印著這首詩的前兩行。

第一次世界大戰是所有人類的傷痛，對加拿大人來說有更深刻的意涵，一九二一年，蒙特婁的退伍軍人協會將罌粟花做為陣亡將士的象徵；加拿大國會在一九三一年將十一月十一日訂為紀念日，其他西方國家也仿效加拿大，將這天訂為正式的退伍軍人日、停戰紀念日。

歷史教育中，第一次世界大戰主要是歐陸國家的戰爭，特別是英、法、俄與德國，亞洲戰場是次要的。美國在戰爭後期加入，扭轉了局勢，而加拿大似乎在戰爭中沒有角色；但是從世界史或是加拿大的角度而言，加拿大的參戰對於第一次世界大戰相當重要，增加了英軍對抗德軍的籌碼，也促使其走向獨立的道路。

加拿大於一次大戰時仍然屬於大英國協，地位上是「自治領」（Dominion，指大英帝國殖民地即將脫離殖民統治，擁有自己的憲政，並且對於內政掌握有大多的權力），大部分內政屬於加拿大總理與議會權限，但仍然算殖民地。當時歐洲局勢日趨緊張，加拿大的外交掌握在英國手上，所以英國向德國宣戰，某種程度上也是加拿大向德國宣戰，雖然加拿大議會並沒有同意。

戰爭開始時，加拿大政府採取志願兵方式，有意願為英國效力的年輕男子再進行軍事訓練，進入歐陸戰場。然而，當戰爭進入白熱化階段（一九一七年協約國面對嚴重考驗，在德軍東面的俄國潰敗、法軍防線也漸漸喪守，德國以潛水艇對英國進行海上封鎖），靠著志願役加入戰爭的加拿大，愈來愈難以支持。當時加拿大只有八百萬人口，政府打算投入四十萬兵力，但徵兵的人數始終遠遠落後。

總理博登（Robert Borden）前往歐洲戰場視察回來之後，發現加拿大軍團的兵力有待加強，在一九一七年五月於議會提出徵兵法案，投下了一顆震撼彈。英、法在歐洲戰場上雖然處於同一陣線，但面對歐洲戰事時，加拿大的英裔移民和法裔移民卻有完全不同的立場，英裔移民對於投入歐洲戰場較為熱心，而法裔移民相對之下則冷淡許多。

真正的敵人是說英語的加拿大人

法裔移民對法國當時的處境不太關心，因為當法國放棄在北美的殖民地時，法裔加拿大人就有一種被拋棄的感覺，他們關心的是境內的社會問題，不想加入歐洲紛爭。當時法裔加拿大人最主要的代表亨利・布哈薩（Henry Bourassa）對於英國政府表達懷疑，憂懼加拿大涉及歐洲各國的紛爭將會立下惡例，使戰事延伸到加拿大。他認為如果要加拿大參戰，必須出於加拿大自身安全與利益。

除此之外，法裔與英裔加拿大人的族群衝突也減低法裔加拿大人對戰爭的觀感。最主要是安大略和曼尼托巴兩省政府限制法語在學校中使用，使得法裔加拿大人在文化與語言上趨於弱勢。布哈薩曾經說：「法裔加拿大人真正的敵人不是來自德國，而是講英語的加拿大人。」

從徵兵和作戰的實際情形來看，當時加拿大沒有幾支講法語的兵團，法裔加拿大人入伍之後，對於英語指令不熟悉，屈居少數使他們容易在軍中受到欺侮，軍職升遷也不容易。

當時不少魁北克知識分子開始大聲疾呼：加拿大應該與英國切割關係，遠離歐洲各國的戰爭與糾葛。然而總理博登站在英國的角度思考，認為加拿大應該與英國站在同一邊，分擔「祖國」的苦難。

徵兵引起流血衝突

一九一七年底的聯邦大選主打的議題就是徵兵制，博登贏得政權後，實行徵兵制，魁北克市和蒙特婁都發生零星抗議。聯邦警察開始逮捕逃兵，三月底復活節前夕，一名叫做約瑟夫・梅西耶（Joseph Mercier）的年輕男子，因為被懷疑是逃兵，又沒有帶身分證，在魁北克市被逮捕，成為大規模暴動的導火線。

魁北克市的居民先將警察局和市政廳圍住，攻擊政府機關、縱火和搶劫。當聯邦政府派了將近七百人的英裔加拿大軍隊前來時，宛如火上澆油，使民眾的怒火加劇。徒手民眾不比有裝備的軍隊，博登政府強硬地面對法裔加拿大人，允許軍隊開火，有四人死亡，受傷者難以計數。抗議平息後，政府仍然強勢主導徵兵制度，透過軍隊控制魁北克市和蒙特婁的秩序，以期增加兵源投入歐陸戰場。

加拿大在戰爭末期投入的兵力，使得協約國的軍力增加不少，也為英國的勝利盡了不少力，雖然加拿大軍隊在名義上仍然屬於英國，但在編制上已經有自己的編號，也自行管理軍隊。

加拿大籍的普萊斯（George Lawrence Price）在一九一八年十一月十一日早上十時五十九分被德軍狙擊手所殺，成為大戰中最後一名死亡的士兵。加拿大參戰的四十萬軍人中，將近三分之二傷亡，六萬條生命犧牲，相關的軍費與損失則無法計算。

對加拿大國內政治而言，徵兵產生的英裔與法裔間矛盾，成為民族間的隔閡。一場戰爭，兩種不同的記憶，埋下日後尋求分離的種子。

六、寧靜的革命：魁北克獨立的起源

追求民主、富強、獨立是第二次世界大戰後很多新興國家的願望，在民主化過程中經常產生革命，伴隨著暴力與流血，讓社會動盪不安。但有些國家走的是和平道路，也達到同樣效果。

我在麥基爾大學攻讀博士，課程修完後有幾年時間寫博士論文，這段時間除了蒐集論文材料，也在學校教中國和亞洲歷史。

面對一群外國的大學生，如何讓他們理解遙遠的世界彼端曾經發生過的事？辦法之一是透過比較方式，以他們熟悉的歷史對比同時代其他地方發生的事，或是同樣性質的歷史在不同文化和國家中產生的變化。當我上到六〇年代中國文化大革命，造成上千萬人死傷，人民流離失所、面臨饑荒，我問他們魁北克那時候的狀況為何？

他們回答：「寧靜革命。」

革命，卻是寧靜的，我對他們說臺灣也發生過一場革命，而且學者也說是「寧靜革命」。

臺灣的「寧靜革命」

蔣經國總統於一九八七年宣布解嚴，解除了世界史上最久的戒嚴時代。隔年蔣經國去世，李登輝就任總統，在一九九六年成為臺灣人民直選的第一任總統。關於李登輝的所作所為，至今仍有爭議，但他任內所推動的臺灣民主化和本土化成績效果卓越則無庸置疑，讓臺灣成為華人民主的典範。美國紐約大學的學者康培莊（John F. Copper），將李登輝主政的十二年稱為「寧靜革命」。

毛澤東說：「革命不是請客吃飯，不能那樣雅致，文質彬彬，革命是暴動。」然而寧靜革命不是暴動，而是用民主、平和的方式達成暴動才能完成的革命，每一個臺灣人都是「寧靜革命」的推動者。

在李登輝主政的三十年前，加拿大的魁北克也進行了一場歷史學家所說的「寧靜革命」，時間點大約在一九六〇到一九七〇年之間。魁北克靜悄悄地完成革命，讓我們先來看看六〇年代前魁北克的社會情況，才知道革命的豐碩成果。

六〇年代以前的魁北克社會

第二次世界大戰前的魁北克，大部分居民仍然生活在農村中，只有大城市（像蒙特婁）才有工業化的跡象。推動魁北克工業化的主要是英裔人士，他們帶著資本與技術到魁北克創設企業，一開始的工業化由英裔族群控制，法裔則受雇成為工人，大量由鄉村進入城市。英裔與法裔族群間的差異除了原本的文化、語言與生活方式，還增加了階級因素。

留在魁北克的法裔加拿大人生活相當困頓，很多人決定到英語區找工作，落地生根，使得原有語言和文化逐漸喪失。然而隨著時代發展，開始有人認為要提高魁北克人的生活水準，讓魁北克成為現代社會，才能讓法裔族群留在自己的土地上，保有原本的文化。

同時，一批保守人士則認為應該維持傳統的農村生活、天主教信仰和法語，阻止現代化與城市化進行，才能維持魁北克社會的純潔，保有原來的價值觀。這樣的想法在第二次世界大戰前主導著魁北克社會，保守人士不喜歡英裔族群，雖然羨慕他們的現代化，但仍過著幾百年來的農業生活。

保守人士雖然抗拒現代化，但是魁北克的自然資源太過豐富，周邊的企業競相在此設立公司，煤、鐵、水力資源等加速了工業化進行，也推動了大量農村人口進入城市。

第二次世界大戰期間，加拿大為英軍和美軍提供大量軍火，又加速了軍火工業成長，在一九三九年到一九五〇年間，魁北克的經濟成長相當快速。

魁北克社會大多信仰天主教

經濟發展和工業化也為社會帶來意想不到的後果，使得工人成為魁北克社會的最大團體，他們居住在城市中，脫離以往教會和農村生活的控制。

除此之外，還有一批新興的法語知識分子出現，雖然還沒有成為龐大的團體，但大學生、律師、教師和高階工人們都開始對於魁北克社會有不一樣的看法，認為魁北克會成為加拿大最落後的省分，主要原因就在於傳統生活習慣，以及天主教控制了教育系統，讓新興的科學、自由與民主等思想無法萌芽。

改變魁北克落後社會的方法

當保守勢力繼續頑強抵抗改革同時，第二次大戰前後出生的年輕人開始有不一樣看法，他們推動魁北克政府改組，透過選舉讓新政府上臺。

自由黨在一九五九年贏得勝選，打出的口號就是改變——改變落後的社會、改變保守的教會、改變法裔族群在魁北克的經濟地位，使魁北克人漸漸不受外來勢力影響。

要改變魁北克貧窮落後的現象，自由黨黨魁勒薩熱（Jean Lesage）採取國有化的方式，特別是基礎工業和民生工業。透過國家干預，將電力、水利和鋼鐵收歸省政府管轄，以增加省政府的稅收。除此之外，還成立政府的投資公司以募集境內和境外資金，賺了錢再用低利息融資給中小企業，形成良性循環。

由於稅收增加，政府組織得以擴大，增加新的部門。一九六〇年，公務員約三萬五千名，過了十年，公務員增加十倍。增加的部門並非冗員，而是為了應付新局勢所設的部門，像是魁北克的全民健保、國營企業和教育人員，也讓受過教育的中產階級得以於政府任職。

經濟和政治的改革促使社會加速變化，以往魁北克政府雖然強調法語族群的文化特殊性，但透過教育和宗教維持傳統的農村社會，有許多人視現代化、開放和工業為洪水猛獸，將汙染魁北克人純樸的生活。

魁北克自由黨則認為教育必須世俗化，加強公民教育才可以使魁北克人有能力面對現代社會的挑戰。勒薩熱主張義務教育延長到十五歲，確保每個魁北克人的受教權。除此之外，還剝奪了教會對教育的控制，強化科技教育，培養相關的人才。

「寧靜革命」帶領魁北克現代化、追求獨立

寧靜革命造成深刻影響，魁北克本來是加拿大最落後的省分，但是透過這場革命，從農業社會轉變為現代社會，多了一批「中間階級」。教育改革也培育了未來人才，以迎接現代社會的挑戰。

前幾章中我們看到了一九六七年蒙特婁的世界博覽會，迎接了五千萬人次的入園人潮，一九五九年上臺的魁北克自由黨，在主政八年後就可以舉辦如此盛大的國際盛事，並在世博會後又投入奧運的籌辦，可以想見魁北克社會在幾年間的脫胎換骨。

寧靜革命是透過選舉而形成的革命，此後的民族自信心增加，法裔加拿大人從貧困走向富裕的道路。

然而，魁北克自由黨在寧靜革命後卻走向分裂，本來擁護加拿大聯邦，內部逐漸產生不一樣的聲音，覺得法裔族群受到不公平對待，只有透過獨立建國的方式才能從加拿大英裔族群的壓抑中走出來。

本來服務於自由黨政府的勒維克在一九六七年另外成立新黨「主權—聯盟運動」，隔年改名為「魁北克人黨」，主張透過和平、民主的方式爭取魁北克獨立，但同時又與加拿大維持比一般國家密切的關係。

七、自由的魁北克萬歲！「祖國」如何支持魁北克獨立？

魁北克的法裔移民與「祖國」維持著一種有趣的關係：法國希望魁北克獨立，並與法國保持特殊且良好的國際關係。

巴黎市政廳在瑪黑區，是我居住巴黎期間經常慢跑的地方；蒙特婁市政廳在舊港旁邊，是我閒暇時散步之處，我對兩座建築的相似度感到訝異。

一九六七年六月二十四日，法國總統戴高樂（Charles de Gaulle）在蒙特婁的市政廳演講，大聲喊出：「自由的魁北克萬歲！」（Vive le Québec libre!）他的聲明被視為聲援魁北克脫離加拿大的舉動，不僅讓加拿大聯邦政府覺得震驚，也讓美國和英國感到意外。這次演講為當地人津津樂道，我好奇且驚訝的是：法國做為魁北克的「祖國」，但不希望魁北克回到法國的懷抱，而是支持它走向獨立。

戴高樂老謀深算

戴高樂雖然經常意氣用事，但在蒙特婁市政廳的演講絕對不是一時衝動，他是位老謀深算的政治家，不會因為魯莽就輕率地講出這句話。他對魁北克的歷史一定不陌生，這塊土地以前被稱為「新法蘭西」，是法國人在北美的殖民地，卻因為在英法「七年戰爭」中吃了敗仗，最後被割讓給英國。

戴高樂拜訪過加拿大三次，分別是一九四四年、一九六〇年和一九六七年。第一次訪問加拿大時，第二次世界大戰正如火如荼地進行，他沒有機會與群眾見面，而且法國當時急需英國幫助，加拿大屬於英國的自治領，他自然不敢在別人的地盤上搞鬼。

一九六〇年第二次訪問，當時加拿大與法國的關係不錯，戴高樂拜訪了加拿大首都渥太華、蒙特婁和魁北克市。然而，在蒙特婁的公開活動上，魁北克人並沒有很熱烈地歡迎這個「祖國」來的總統。魁北克人在北美大陸生活了數百年，多少覺得法國拋棄了他們，法國政府已經是遙遠的存在。

蒙特婁市政廳

戴高樂，法國人稱為「將軍」，1890年生，1970卒。

戴高樂在一九六〇年訪問加拿大後，想到魁北克或許可做為外交政策上的突破。六〇年代，英國與法國在參與歐洲共同市場的意見上相左，戴高樂屢次阻擋英國加入當時的歐洲經濟共同體，兩國關係因此惡化。加拿大聯邦因為元首是英國女皇，在國際關係上與英國同進退（加拿大實質從英國獨立是在一九八〇年之後）。

戴高樂明白如果能挑撥魁北克與加拿大的關係，一個獨立但與祖國保持良好關係的魁北克將成為法國在北美大陸上堅實的盟友；一個遊走在美國和加拿大之間的法語國家，勢必對法國的國際地位有正面效益。他在《希望回憶錄》當中寫道：「不管如何，法語加拿大注定成為一個主權的國家，而我們（法國）必須要將這樣的想法謹記在心。」

自由就是建立一個新的國家

戴高樂不僅將這樣的想法記在心中，還想加速魁北克獨立。他選擇的時機非常有趣，在一九六七年，為了慶祝加拿大一百周年國慶，蒙特婁舉辦了世界博覽會；

這個被稱為二十世紀最成功的世界博覽會吸引了世界的焦點。各國領袖齊聚蒙特婁，他們乘坐飛機，先到首都渥太華與加拿大政府高層見面後，再到兩個小時車程外的蒙特婁參加博覽會。

但是戴高樂卻不這麼做，他選擇搭船從聖羅倫斯河進入。這條水道在十七世紀時被稱為國王之路（Chemin du Roy），當時的國王是法國國王，戴高樂想藉此喚起魁北克人對法國的記憶，船先在魁北克市停留，接著抵達蒙特婁。在精心設計下，他站上了蒙特婁市政廳，以一貫激昂又帶著煽動力的語調，發表了一場震驚世界的演說。

我充滿著感情來到了法語城市蒙特婁，我代表著舊的祖國、代表法國，我用我的心向你們致意……一路上，我看到你們對於進步與發展所做出的努力。在蒙特婁，而且只有在這裡，我可以說，如果在世界上有一個城市具體地表現了現代化的成功，那就是你們的城市……我們所有法國人都在傾聽、都瞭解，也都知道在這裡發生的事情。

他在演講的最後強調，如果要讓魁北克人生活得更美好，就只有讓魁北克自由，並且喊出：「自由的魁北克萬歲。」對當時正醞釀組黨的魁北克獨立人士而言，自由就是建立一個新的國家，一個外國元首或是「祖國」總統的支持，無疑為他們打了一劑強心針。

戴高樂知道加拿大聯邦一定無法諒解他的舉動，所以發表演講後，沒有到首都渥太華繼續參訪，隔天參觀完世界博覽會，就搭乘法國的軍機從蒙特婁回國了。

加拿大聯邦對戴高樂的舉動感到錯愕，並正式提交抗議信給法國大使。當時的總理萊斯特・比・皮爾森（Lester Bowles Pearson）甚至在國家電視臺中發表聲明，指出「加拿大的人民是享有自由的，每一個加拿大的省分都是如此，加拿大人不需要被解放；而且，很多加拿大人在兩次世界大戰中為了法國和歐洲國家的自由，喪失了他們的生命」。自此，加拿大聯邦與法國的關係降到了冰點，特別是在一九八〇年和一九九五年兩次獨立公投時期。聯邦政府害怕魁北克獨立公投成功之後，法國會成為第一個公開支持魁北克獨立的國家。

戴高樂在蒙特婁市政廳的演講成為傳奇，被魁北克人謹記在心，並高調地展示在公共建築上——魁北克有十四條路、兩座湖、一個公園和一條橋以戴高樂命名。

一九九二年，蒙特婁慶祝建城三百五十周年，也慶祝戴高樂演講二十五周年，並設立了戴高樂廣場和一座碑，紀念這場「祖國」支持獨立的難忘盛會。魁北克的法裔移民與「祖國」維持著一種有趣的關係：法國希望魁北克獨立，並與法國保持特殊且良好的國際關係。

如果「祖國」真的像父母親一般，應該都會尊重孩子的意願，而且也鼓勵他們盡快地「獨立」。

Chapter 3

尊重、妥協與包容的首都

一、英、法建築風格融合的飯店：勞里爾堡

勞里爾堡（Château Laurier）將英、法兩種建築形式融合，象徵兩個民族的合作。

寒冷的加拿大經常得等到五月才有春季的感覺，這時加拿大首都渥太華會舉辦鬱金香的花卉博覽會（Canadian Tulip Festival）。渥太華離蒙特婁約兩個小時的車程，是加拿大首都，位於渥太華河畔。從對岸的城市加蒂諾（Gatineau）可以清楚看到加拿大國會——一棟青銅屋頂搭配石砌的哥德式建築物，坐落於國會山上，是渥太華乃至整個加拿大的象徵。此處以引人注目的和平鐘塔為中心，中間為中央大廳，兩側則是東廳和西廳，前面著名的鐘樓上飄揚著加拿大國旗。

其左面為聯合國世界文化遺產麗都運河（Rideau Canal），而運河旁高聳壯麗的城

堡式建築則是勞里爾堡，由加拿大知名的旅館集團費爾蒙（Fairmont）所經營。

我經常短暫停留旅館消除旅行的疲憊，也為了舒適的服務，而旅館的建築本身也是值得欣賞的風景。在渥太華旅行時就住在勞里爾堡。

英國女王首選的飯店

費爾蒙專營高級旅館，在加拿大境內是人人知曉的知名品牌，其經營的旅館跨足十九個國家，在美國最為知名的應該是紐約中央公園旁的廣場飯店（Plaza Hotel），而中國則是上海外灘的和平飯店。費爾蒙不走希爾頓（Hilton）、凱悅（Hyatt）或是威斯汀（Westin）等高級商務旅館的路線，在旅館業中帶點優雅和古典味，這或許和加拿大的環境有關。費爾蒙在加拿大經營的旅館，是英國女王造訪加拿大時入住的首選。

旅館正面面對麗都街（Rideau Street），面寬一百三十五英呎，較長的一面在麗都運河旁，長兩百八十五英呎。整體建築呈L型，前方可以看見渥太華河，錐狀的屋頂和圓形的塔樓，不規則的簷口、哥德式塔尖，上面以天窗裝飾。造型和法國法蘭西斯一世時期的城堡類似，融合哥德式和義大利文藝復興的建築形式。整體的風格為中世紀，但在造型與對稱上則採取文藝復興的風格。

鐵路促成旅館業蓬勃發展

渥太華在十九世紀中期前還是個小聚落，英國女王在一八五七年將之選為加拿大首都，因其位於魁北克與安大略邊界，能平衡英裔與法裔移民的微妙心態（在下一章還會看到這段有趣的歷史）。當渥太華成為加拿大首都後，政府相關機構進駐，促成城市發展。

十九世紀末期，美國因為鐵路促成旅館業蓬勃發展，例如著名的大型飯店華爾道夫（Waldorf Hotel）酒店。此時橫貫加拿大的鐵路通車，不管是小型旅館或大型飯店，都在沿線城市紛紛出現。鐵路沿線的大城有鐵路公司經營大型飯店，此為費爾蒙集團在加拿大的飯店前身。現在渥太華的鐵路車站雖然不在市中心，但當時的車站就設在今日的國會大廈（Parliament Buildings）、麗都運河和勞里爾堡飯

勞里爾堡一隅

勞里爾堡襯托國會大廈

店旁邊。

勞里爾堡以加拿大總理勞里爾（Wilfrid Laurier）的名字為名，他於一九〇七年將國會旁邊的這塊土地授予加拿大鐵路公司建立旅館。他的用意良好，確實必須在首都建立一間氣派、雄偉的飯店，以招待各國嘉賓。

飯店建築結合英、法兩種風格

飯店為哥德式的法式城堡造型，可以對旁邊新哥德式建築風格的國會大廈產生協調作用。因為位於火車站旁邊，旅客下車後即可看見異國情調的飯店。哥德式建築在歐洲主要來自英國和德國，而旅館的名稱 Château 即是法文的城堡，這間位於加拿大國會旁的飯店，將英、法兩種建築形式融合，象徵兩個民族的合作。

厚重石頭製成的牆壁，能對抗加拿大的冬季寒風；青銅製成的屋頂，不規則的天際線，與中世紀的哥德式建築相似。建築本身又與 Beaux-Arts 的建築傳統相關。Beaux-Arts 在法文當中是美術的意思，在傳統建築史上強調平衡、秩序、協調和比例。在藝術史上也強調結合過去的經典作品以凸顯當代精神。一般用以說明一八八〇年至一九三〇年間所建造的紀念性作品與建築物。美國稱此時為建築史上的文藝復興，倫敦與巴黎也強調此特色，麗池（Ritz）旅館就是此一時期的建築、紐約的聖瑞吉司（St Regis）旅館亦是這個時代的見證。這些巧合是因旅館的設計者們都曾就讀巴黎美術學院（Ecole des Beaux-Arts）。

勞里爾堡的建築師羅斯和麥克法蘭（Ross and MacFarlane）也不例外，將哥德式建築與法國 Beaux-Arts 傳統相互折衷。（兩人分別畢業於美國麻省理工學院和巴黎美術學院，後來在蒙特婁建立事務所。）

二十世紀初期的 Beaux-Arts 建築不再限於王公貴族的居所，而是現代世界的象徵，例如銀行、博物館或是旅館，勞里爾堡除了以尖塔式屋頂展現哥德風，一、二層的建築主體與內部也講究均衡、協調與對稱。

我從渥太華河邊望向勞里爾堡，它在加拿大國會旁邊卻沒有搶走其風采，反而像是一旁護衛的塔樓，與翠綠色樹木、白雲和藍天一起構成了一幅畫，為我在渥太華提供良好的身心休憩時光。

勞里爾堡夜景

勞里爾堡大廳

二、美國入侵加拿大：世界文化遺產麗都運河

加拿大的英裔移民與法裔移民間有了共同的敵人——美國，他們除了完成超過兩百公里的麗都運河，也形成休戚與共的意識。

到渥太華旅行的重點之一就是到聯合國教科文組織的「世界物質文化遺產」——麗都運河——一遊。此時配合初夏渥太華的鬱金香節，運河沿岸植栽著各式各樣的鬱金香。

麗都運河溝通渥太華河和聖羅倫斯河及以西的美國五大湖區，從七〇年代以後，其航運功能逐步被現代公路、鐵路取代，轉變為觀光遊覽的水道。二〇〇七年聯合國教科文組織將這條有一百七十五年歷史的麗都運河列為世界遺產，因其見證「北美大陸被統治的歷史」，成為加拿大第十四項世界遺產。聯合國教科文組織

認為「麗都運河是北美唯一一個建立於十九世紀初期，目前依然運行，且保持著原來航線和大部分原始結構的運河」。

運河沿岸的風光一派優閒，但是它的存在卻說明了美國與加拿大的敵對歷史，也說明加拿大如何建立其國家認同。

美國人入侵加拿大

建立麗都運河最初是為了防止美國入侵。英國在北美的十三州殖民地在一七七五年到一七八三年尋求獨立而發動戰爭，歷史上稱之為「獨立戰爭」。美國獨立後，英國在北美的殖民地只剩加拿大，主要為聖羅倫斯河兩岸的上加拿大（Upper Canada，今日的安大略）與下加拿大（Lower Canada，今日的魁北克）。

美國人窮兵黷武不只是當代現象，立國之初即已展現好戰的特色。一八一二年，詹姆士・麥迪森（James Madison）總統在國會向英國宣戰，歷史上稱為「第二次獨立戰爭」。當時英國與法國拿破崙的戰爭進入緊要關頭，美國從新大陸補給法國軍需，英國海軍攔截所有開往法國的船隻，使得美國群情激憤。美國人一向大賺戰爭財，當船隻無法離港提供法國補給，相關業主紛紛向政府陳情；美國不斷向英國提出抗議，但大英帝國沒有將這個新成立的國家放在眼裡，導致美國的主戰派抬頭，為獨立後第一次對外戰爭拉開了序幕。

更進一步說，美國獨立後，英國控制的加拿大就在美國北方。英國雖然承認美國獨立，但也嘗試奪回這塊獨立的十三州；而新成立的美國則以掌握新大陸，向西部擴張，徹底將英國勢力逐出美洲為目標。兩方於一八一二年燃起戰火，當時已經卸任的美國第三任總統湯瑪斯・傑佛遜（Thomas Jefferson）說：「今年將加拿大地區兼併，包括魁北克。只要向前進，向哈利法克斯（Halifax）進攻，最終將英國勢力徹底逐出美洲大陸。」

美軍和英軍在戰事中互有損失，英軍甚至攻入華盛頓，將美國首府付之一炬，使國會和白宮都得重建。最後英國因為歐洲戰事未歇，無法在新大陸花費太多軍費，所以在一八一五年與美國簽訂條約，恢復戰前的邊界，英國仍然保有加拿大。

麗都運河

麗都運河旁的鬱金香

麗都運河的北端

麗都運河旁

渥太華的起源

戰後，英國檢討此次戰爭的問題，主要出在聖羅倫斯河，美軍如果控制了大河的航路，英軍所有的補給將被切斷。為了防止美軍日後再度進攻，必須建造一條連接安大略湖和渥太華河的運河。

當時加拿大沒有多少人，今日的首都渥太華也只是一個小村落，需要動員人力才能完成這個艱鉅的任務。負責這項工作的人是約翰•拜（John By）上校，他本是皇家工程師，從歐洲帶來了專業工兵，之後定居這裡，後來就以拜上校之名，將這塊屯墾區域稱為「拜鎮」（Bytown），也是渥太華的起源。

運河最北端在今日渥太華市北面的渥太華河上，自北向南貫穿麗都河和卡坦拉基河（Cataraqui），長達二〇二公里，南接聖羅倫斯河畔的京斯頓（Kinston）。因為最初建造運河的目的是為了防止美國入侵，所以運河上建有六座「碉堡」和一座要塞，後來又增建防禦性閘門和管理員值班室。在一八四六年至一八四八年期間又建造四個圓形石堡。

抵抗美國，奠定國家認同

英國征服了法國在北美的殖民地之後，法裔加拿大人在英國的統治下不時反抗。當南方的美國人想朝北方擴張勢力時，加拿大的英國移民與法國移民之間有了共同的敵人，所以一起完成超過兩百公里的運河，也形成休戚與共的意識。

加拿大國家認同很重要的一部分源自於「我們不是美國人」。

美國立國之初，與加拿大的關係相當緊張，曾數度嘗試入侵，才有麗都運河的興建。運河貫穿渥太華市區，河上有十座橋橫跨東西兩岸。河西為渥太華的上城，居民多為英裔；河東稱為下城，居民多為法裔。英裔和法裔一起抵抗美國，奠定了國家認同與基礎建設。

現在美國與加拿大兩國的關係或許是美國外交關係當中最好的，主要原因是加拿大在第一次世界大戰之後逐漸脫離英國管控，美國人不再視他們為北方的敵人，反而視為新大陸的盟友，還在一九二七年首先承認加拿大是個國家。第二次世界大戰後，兩國關係更加密切，北美自由貿易協定使得加拿大人可以便利地到美國工作。兩國長達四千公里的邊境，檢查上相當寬鬆，與美國墨西哥邊境的氣氛完全不同。

三、加拿大首都：渥太華

從首都選址、建造國會大廈兩件事，說明加拿大是一個移民的國度，透過不同移民的溝通與妥協，才能創造一個共榮的社會。

曾經有新聞媒體問哈佛大學的學生：「加拿大的首都在哪裡？」有一半受訪者不知道。渥太華是從一個不知名的小村莊開始，被選為首都，象徵了英語、法語族群的相互尊重與妥協。

首都該是什麼樣子？

法國的巴黎和英國的倫敦都曾經是帝國中心，十九世紀的大英帝國，橫跨全世界，帝國的中心倫敦是一切的中樞，大英博物館就是帝國具體而微的象徵；巴黎則從拿破崙時代開始用凱旋門誇耀帝國的功績。

東方的北京也以帝國形象構建首都與皇權的象徵，至今天安門前的森嚴氣氛應該很少有國家可以比擬。自由、民主國家的首都雖然是重地，但緩和的氣氛與北京完全不同。

加拿大和澳洲同樣是英國的前殖民地，但澳洲選擇在中部建立一個新首都和新城市——以往沒有什麼人居住的坎培拉（Canberra）。首都做為國家的象徵，從建築、紀念碑或是博物館都可以看到其凝聚認同的目的；然而加拿大則有不同選擇，原因來自法裔和英裔族群的衝突與妥協。

渥太華在印地安語中為「交易」的意思，在一八五八年之前，這座河邊的小聚落是印地安人和歐洲人進行毛皮交易的地方，後來又成為木材交易市場。當時如果搭著船從渥太華河向西行駛，可以進入加拿大的中心地帶，將動物毛皮和木材運往五大湖流域。

渥太華之所以成為首都，不在於其小規模的商業交易，主要在於政治和軍事的考量，也是加拿大所以成為後來的加拿大之因。美國想「解放」加拿大，將英國的勢力徹底逐出，但當時加拿大想留在大英帝國之下，準備與美國一戰，在一八一二年和一八一五年的三年戰爭中，美國被擊退。

相對於蒙特婁和多倫多等加拿大城市和美國邊境近在咫尺，渥太華離美國的邊境較遠。除了面對美國人入侵，加拿大本身的問題也令英國頭痛，本來的上、下城將加拿大區分成英、法移民兩區，在兩處都設有議會以解決內部問題。英國人在一八四〇年開始將兩個區統一，只設立一個議會，以解決彼此的衝突和隔閡，也可以在美國入侵時有共同對策。

渥太華象徵著尊重法裔與英裔

法裔移民還是時常反抗，甚至燒毀議會。當時的加拿大議會有時設在英語區的多倫多或是京斯頓，有時設在法語區的蒙特婁和魁北克市，目的就是平衡兩者的利益。

渥太華河

國會大廈

頂著象徵法國的旗子——國會大廈門口的石獅子

加拿大首都在英、法兩個語言區裡輪流變更，但法裔和英裔移民都不願意將首都建在對方聚居之處。為了解決這個長期矛盾，女王維多利亞將木材小鎮渥太華欽定為加拿大首都。

為什麼是渥太華呢？因為這個小鎮在法語區與英語區的交界上，就是現在魁北克與安大略的省界上，剛好在蒙特婁與多倫多中間。河這邊屬於安大略省，是英裔移民聚居的區域，文字和語言都是英文；河那邊屬於魁北克省，是法裔移民聚居的區域，使用的語言和文字則是法文。一個木材和毛皮交易的小鎮就這樣成為加拿大首都，旨在表示尊重兩方的利益。

當女王欽定渥太華為加拿大的首都後，當時的議會大廈（即後來的國會大廈）工程於一八五九年開始，位置在渥太華河邊，雖然在英語區，但已經充分顯示英國人的誠意。（如果河上有小島的話，可能會選在小島上！）在空間象徵中也顯示了兩方平衡，由三棟維多利亞哥德式建築和一大片綠地廣場構成，帶點古老的歐洲風格。國會大廈的大門將加拿大國徽上的動物與象徵具象化，塑成石雕，左邊為直立的獅子，舉著一面聯合王國的國旗；右側的獨角獸則舉著象徵法國的百合花旗。

國會大廈群中央聳立的是和平塔（Peace Tower），高九十公尺，在建築史上被譽為世界上最精緻的哥德式建築。大廈前的廣場中心有一座為了紀念加拿大建國百年而建的長明火臺（Centennial Flame），在一九六七年的除夕夜點燃火臺之火。火焰在噴水池中央，宛如從水中冒出來。噴水池旁刻著不同省分加入聯邦的時間，透過水火交融，象徵新世紀的加拿大除了英、法之外，增加更多族群。

從首都的選址、國會大廈的建造、國徽的設計和整體氣氛營造，都說明了加拿大的國家形象——它是一個移民的國度，卻不相互融合與同化，而是透過移民的溝通與尊重，創造一個共榮的社會。

四、什麼是加拿大的文明？

英、法移民的衝突、妥協與尊重，成為加拿大立國的重要傳統。加拿大文明博物館將過去與現在緊密相連，在這片土地上盡力呈現發生過的事件與人民生活。

到渥太華旅行一定會到「加拿大文明博物館」（Canadian Museum of Civilization），這間博物館是加拿大政府對於國家歷史與文化的詮釋。很多國家都會在首都蓋類似的博物館，例如北京的「中國歷史博物館」、臺北的「故宮博物院」、東京的「東京國立博物館」。然而，嚴格上說來，文明博物館不在渥太華，而在渥太華河對岸的魁北克。為什麼加拿大的文明博物館會設在魁北克？

雖然與首都渥太華只有一河之隔，文明博物館的地理位置處於魁北克西部的加地

造型像艘船一般的加拿大文明博物館

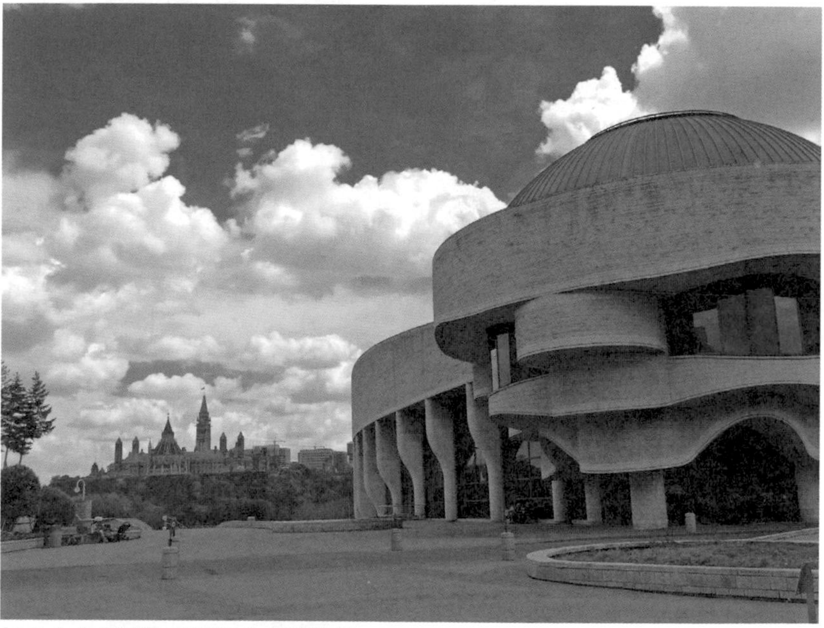

加拿大文明博物館與國會山莊對望

諾（Gatineau），隔著渥太華河與加拿大的國會大廈相對。文明博物館前的平臺是觀賞國會大廈最理想的位置，綠色的草地與河流襯托出國會山莊建築的壯美。在法語區的魁北克建立加拿大文明博物館，很明顯是為了平衡英裔、法裔移民在此生根的歷史。透過文明博物館可以看出加拿大人怎麼看他們的文化與文明。

在英、法移民來到加拿大之前，北美大陸有許多原住民，加拿大在歷史的發展過程裡接受來自不同地方的移民。移民與原住民間的衝突，還有移民如何在新大陸建立加拿大這個國家，即是文明博物館的展示重點。

博物館的建築由加拿大本土建築師卡迪那（Douglas Cardinal）設計，整體空間寬敞、明亮，搭配渥太華河的地形，在世界眾多博物館中成為極出色的建築之一。

博物館的主體建築分為南北兩翼，南翼為冰河之翼（Glacier Wing），是博物館的陳列區；北翼則為加拿大地盾翼（Canadian Shield Wing），為行政區域。南翼包含三層樓的展示空間，入口位於二樓，進入後的挑高空間包括服務臺、資訊服務處和休憩區。

展示區分布於三個樓面，位於一樓的大廳（Grand Hall）長達三百英呎，透明的落地窗挑高三層樓達五十英呎。天花板的造型有如一支朝向渥太華河駛去的獨木舟。

原住民是加拿大歷史的基盤

在大廳中陳設的是太平洋岸六個印第安地區的收藏。透過空間設計，使得整體意象呈現出印第安部落臨河的景觀，十一根高聳的圖騰柱立在大廳中，營造出加拿大原住民獨特的藝術形式。等於承認了印地安族群在這塊土地上的合法性，把他們視為構成加拿大歷史的基盤。

三樓的展廳有一個足球場的大小，不是從法國人發現加拿大開始講起，而是從一千年前維京人來到加拿大沿岸說起，接著按時代順序呈現歐洲人在加拿大這塊土地的歷史。

原住民藝術

加拿大人的定義

加拿大是法國人賦予這塊土地的名字，法蘭西移民在聖羅倫斯河兩岸建立聚落，與印地安人交易。後來英國攻占加拿大，使得加拿大加入英裔移民。在三樓的展廳中，以三十三個原尺寸的造景，呈現當初的移民聚落和英、法移民間的衝突。

隨著時代推移，火車和鐵路成為聯繫加拿大各地的重要工具。加拿大不只是東岸的魁北克與安大略，西部的草原、洛磯山脈和太平洋都成了這個新國家的一部分。修建鐵路的華工、第二次世界大戰後大量湧入的新移民，包含印度裔、亞裔、東歐裔、北非裔等不同地方來的人，都成了這個國家的一分子，都是加拿大人。

您的國家、您的歷史、您的博物館

文明博物館的外觀設計與首都渥太華的景觀融為一體，以流暢波浪的外觀緩和了渥太華身為首都而有的政治嚴肅氣氛；內部策展將加拿大的過去與現在緊密相連。博物館為參觀者準備的宣傳手冊寫著：「您的國家、您的歷史、您的博物館。」（Your Country. Your History. Your Museum）。

文明博物館的設計相當新穎，每年吸引一百七十萬人次參觀，歷史在這裡不是枯燥乏味的。加拿大移民和公民來此可以理解這塊土地過去的歷史，外國的遊客則可以發現這個國家文化的多樣性。

Chapter 4

魁北克人真的要獨立嗎？

一、完整的加拿大：加拿大最偉大的總理與魁北克獨立

如果加拿大能夠長存且繁榮，只能透過相互的尊重和彼此相愛。——皮耶·杜魯道（Pierre Trudeau）

具有好萊塢明星外表的總理：賈斯汀·杜魯道（Justin Trudeau）

二〇一五年，加拿大舉行國會大選，賈斯汀·杜魯道領導的自由黨獲勝，擊敗了執政將近十年的保守黨，成為國會第一大黨。四十三歲的賈斯汀成為加拿大史上第二年輕的總理，選戰中對手攻擊他的經驗不足，無法在國際經濟局勢困頓的環境中領導加拿大走出危機。賈斯汀所領導的自由黨在選戰初期屈居劣勢，其後在大選勝出，讓國際媒體大為驚訝，臺灣媒體則形容他有著「馬英九的外表、連勝文的家世、柯文哲的逆轉」。

畢業於麥基爾大學和英屬哥倫比亞大學，國際媒體認為賈斯汀有著好萊塢明星的臉蛋，讓他在年輕人和婦女中大為吃香。相較於保守黨的政策，自由黨採取在施政前三年增加赤字，將錢投入基礎建設，提高就業機會，讓經濟復甦。除此之外，自由黨對於社會議題一向開放，包含大麻和賣淫的合法化。

賈斯汀是否能成為成功的政治領袖還未定論，但加拿大人民投票給賈斯汀的原因部分在於他有個了不起的老爸：皮耶・杜魯道，一個讓加拿大人懷念的總理、一個出生於魁北克卻反對魁北克獨立的總理，也是讓加拿大完全獨立的總理。

皮耶・杜魯道的崛起過程

老杜和小杜所面對的議題不同，老杜在總理任上最為人津津樂道的就是處理魁北克問題，這是加拿大第二次世界大戰後最為複雜且困難的議題。

一九一九年，皮耶・杜魯道出生於富裕家庭，父親是魁北克人，母親則是講英文的蘇格蘭裔。英文與法文都是他的母語，完整的加拿大就是由這兩種語系的人所

皮耶．杜魯道，加拿大第十五任總理，被選為「最偉大的加拿大人」之一，1919年生，2000年卒。

賈斯汀．杜魯道，現任加拿大總理（第二十三任），1971年生。

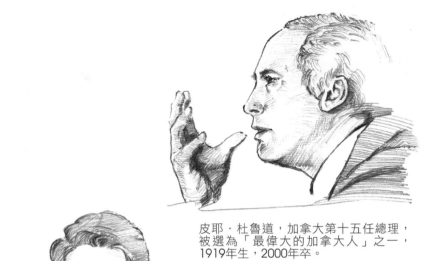

組成。老杜在三個國家受到最好的高等教育，畢業於蒙特婁大學法律系，在哈佛大學取得政治經濟學碩士，接著分別在巴黎大學和倫敦政經學院讀書。

老杜對於學院中的生活並不感興趣，倫敦政經學院博士學位沒有讀完就決定到世界壯遊一番，此時正值世界局勢風起雲湧的時代。第二次世界大戰結束，戰爭陰影還壟罩各地，他一個人帶著背包走進共產世界的東歐、以巴衝突的中東、脫離殖民統治的印度、國民黨即將潰敗的上海，再從日本搭船回加拿大。讀書與旅行形塑了老杜的政治理念，對於加拿大在世界上的地位有所體認。回到魁北克後，他帶著豐富的國際觀和學識投入政治改革。第二次世界大戰後，魁北克產生大批法語中產階級，不滿英語族群壟斷經濟利益，使得法語人士只能從事勞力工作。

一九四九年冬天，蒙特婁東邊的石綿礦場，發生工人集體罷工事件，所有工人都是法語人士，而老闆和管理階級都是英語族群。勞工們要求改善工作環境、減低工時，並且增加工資。勞資雙方僵持了四個月都沒有結果，老杜在此時挺身而出，為勞方提供免費法律諮詢。事件結束後，他就此事件編輯了一本書《石綿場的罷工》（*la grève de l'amiante*），他深感此次事件不僅是勞資糾紛，還象徵了族群間因為階級產生的不平等，他深知將發生更多類似的問題。

老杜是律師，也是蒙特婁大學法律系教授，但他還想幫助魁北克社會轉型，自行出資創辦了季刊《自由城》（*Cité Libre*），擔任編輯，也是筆鋒最為強健的作者。他認為先進國家政教分離的情形才是民主社會該有的常態，但是魁北克卻被天主教會控制，讓自由的思想無法在社會萌芽。《自由城》嚴厲批判天主教會，也對魁北克社會英語族群和法語族群所產生的階級問題提出針砭。這份刊物成為當時封閉社會的出口，聚集自由派的教授、律師和作家，讓老杜成為意見領袖，在公共議題上舉足輕重。

在社會議題上引領潮流的老杜決心投身議員選舉，也替沉悶的加拿大政壇投下一顆震撼彈。

杜魯道狂熱

老杜具備迷人的氣質，穿著鮮豔，筆挺的身材搭配禮服極為得體，並且在胸前帶朵紅玫瑰。他私下喜歡運動、滑雪、開跑車、跳舞，不管在政治場合還是社交場合都引人注意。關於他的風流情史也相當多，和歌手芭芭拉・史翠珊與演員瑪歌・基德（Margot Kidder）都曾傳出過緋聞。加拿大英文中有個名詞稱為Trudeaumania，翻為中文或許可以譯作「杜魯道狂熱」。老杜天生帶著吸引群眾的魅力，所到之處萬人空巷，有如明星降臨，加上英語和法語同樣都相當流利，在魁北克和加拿大其他地方都受人歡迎。

老杜的選區在蒙特婁，一九六五年的國會議員選舉代表自由黨獲得勝選，從魁北克進入渥太華的政壇。挾著高人氣，進入國會兩年後就擔任司法部長、三年後成為自由黨黨魁，然後在一九六八年的國會大選中獲勝，成為加拿大總理。

一九六八年到一九八四年，杜魯道任職加拿大總理期間，最重要的議題就是魁北克獨立。老杜對於此問題的想法很清楚，認為加拿大就是英語與法語族群形成的國家，如同家庭一般，只有整個家庭（加拿大）的繁榮，才能讓其中的不同族群都受惠。

雙語加拿大

如何同時讓英語與法語族群都滿意，考驗著老杜，如果給予法裔族群太多權力，英裔族群就會反彈，反之亦然。魁北克出身的總理可以瞭解其中的複雜性，也能顧及魁北克人的情感。

英國政府長期以來想同化法裔族群，並且減低法語使用的機會。老杜上任後隔年，通過了加拿大的《國語法案》（Official Language Act），明訂法語和英語在加拿大一樣重要，同屬官方語言。然而，魁獨人士對此並不領情，在老杜主政期間，正是魁北克追求獨立的高峰，一九七四年魁北克人黨成立，一九七六年成為魁北克的執政黨，並在一九八〇年實行第一次公民投票。

加拿大的獨立

加拿大的法裔族群追求魁北克獨立，老杜的方法則是追求加拿大整個國家的獨立，讓魁北克與加拿大得到同等認同。因為加拿大做為英國的殖民地，從來沒有透過革命或是抗爭成為主權獨立的國家，所以國家元首至今仍是英國女王。

英國一八六七年制定英屬北美法，當時加拿大是英國殖民地，修改憲法的權力不在加拿大議會手上。在時代的演進過程中，雖然當時英國不主動干涉加拿大內政，有些修憲權力也交給加拿大，但是有關聯邦預算、國會任期、聯邦與地方權力的劃分等，還是必須交付英國國會同意（英國國會仍然掌握加拿大主權）。老杜認為加拿大必須確認為獨立國家，「主權」必須完整，要有一部新憲法，以完全脫離英國。

進行修憲運動同時，適逢魁北克獨立公投，由於以往英國國會可以干涉關於加拿大聯邦與地方權力劃分的問題，老杜承諾只要魁北克的公投不過半，在新的憲法中將讓魁北克人享有更多自治權力，喊出「新聯邦主義」，讓英裔與法裔在獨立的加拿大中共存共榮。

老杜堅持聯邦主義，相信完整的加拿大是保障所有族群的最大公約數，認為國家應該保障多元文化，不應該偏向任何族群，所以在任內通過《權利與自由憲章》

（Canadian Charter of Rights and Freedoms），這是高於所有法律的憲章，是每個加拿大人都必須遵守的理念。

美國兩百多年前創建時的憲法，成為很多民主國家的範本，但兩百多年後，成為範本則是加拿大的《權利與自由憲章》，這份憲章的優點在於符合當下世界的狀況，性別、種族、移民和少數族群，將他們的利益與人權納入憲法保障。

最偉大的加拿大人

《權利與自由憲章》內含老杜的精神，希望魁北克人繼續生活在加拿大這個大家庭中，光是推動憲改的成功，就足以讓老杜不朽。除此之外，老杜確立了福利國家的政策，透過健保和各種社會福利措施，讓每個加拿大人都能獲得保障。二○○四年加拿大廣播公司把他選為「最偉大的加拿大人」之一。

現代社會學的奠基人之一馬克思・韋伯（Max Weber）認為政治領袖們要將政治當做終身志業，被使命所召喚，需要再接再厲地追求被視為不可能完成的事，被使命召喚的領袖是英雄，有強韌的意志，為不可能的任務而獻身，從內心層面刻劃理想的政治人物。而在現代政治裡，最好還要有俊秀的外表、辯才無礙的口才、豐富的國際觀、令人羨慕的家庭等。綜觀加拿大政治史上具有以上特質的領袖，無疑以皮耶・杜魯道為代表。

一九八四年，老杜卸下總理一職，逐漸退出政壇，他於二〇〇〇年去世，加拿大為他舉行了國葬，現任總理、年輕的賈斯汀，在葬禮中發表的話讓人印象深刻，他說道：

從東岸到西岸、從大西洋到太平洋，我們帶著悲痛聚集在此道別，但這並不是結束，他在八四年離開了政壇，但在我們有需要時，總會提醒我們身處何處和我們能做什麼努力。但是他再也不會回來了，現在就全靠我們了、我們。

賈斯汀是否能延續杜魯道家族的歷史？尚待我們繼續觀察。

二、走向獨立：一九八〇年，魁北克第一次獨立公投

「魁北克將成為獨立主權國家！」

「砰！」槍聲響起。

二〇一二年的魁北克省議會選舉，主張獨立的魁人黨在驚險中獲取勝利，這是他們睽違十年後的執政，是否會把獨立問題再端上檯面？未來的女省長馬華（Pauline Marois）發表演說，說到這句話時，蒙面槍手突然在場內開槍，並且以法語高喊：「英語族群正在覺醒。」由於魁北克的治安在北美地區一向顯得相當良好，犯罪率低，未曾發生政治暴力事件，這聲槍響使得加拿大為之震驚。

這個槍手可能搞錯了，英語族群在加拿大一直是統治階層，而且是強勢語言，需要喚醒的反而是法語族群，強勢的英語沒有覺醒的問題。

生活在蒙特婁相當舒適，人們也很友善，這聲槍響代表魁北克在穩定中還存在著一些衝突，我開始思考與觀察魁北克獨立的過程。一九八〇年和一九九五年，魁北克分別舉行了獨立公投，若非加拿大聯邦和魁北克有著難以妥協的歧見，不然不會訴諸全體民意。

第一次獨立公投只是為了爭取語言、文化自主，並非要完全從加拿大獨立出去。有點像存在問題的婚姻關係，一開始先談分居，但仍使用共同財產，看看狀況如何，再決定要不要一起走下去。我們先來看看魁北克人到底要什麼？

獨立為了什麼？

加拿大近半世紀以來最主要的政治爭議即為「魁北克問題」，加拿大聯邦面對魁北克的分離運動，希望透過談判，有條件地尊重魁北克人對於文化自主的追求，以維持聯邦的完整性。

以法語為基礎的魁北克希望透過主權獨立，讓文化能被尊重，並保存制度，確保特殊文化。身處北美新教徒環境與英語語境中，魁北克人沒有喪失他們的信仰與語言，相反地，更強固其文化特質。

當美國獨立後，英國在北美的殖民地所剩無幾，最廣大的地域就是加拿大，英國政府本想同化法裔移民，要他們說英文、改宗教信仰英國國教。魁北克人強烈的族群意識、天主教信仰和語言認同，使他們與英裔加拿大人衝突不斷。

英、法語族群是「兩個開國奠基民族」

在立國初期，加拿大法裔移民和英裔移民勢均力敵，加拿大聯邦的基礎建立在英、法兩個族群簽訂的憲法上，目前的十省是後來擴充的結果，因此，「兩個奠基民族」（Two Founding Peoples）在憲法上的地位應該平等。魁北克人認為加拿大聯邦是英、法族群後裔的合夥關係，所以魁北克不應與其他省分的地位相同，在憲政上應享有完全的否決權，並且主張因為魁北克特殊的語言、宗教和文化，應由魁北克政府主導文化、教育和移民政策。這樣的想法使群眾開始組黨，以推動魁北克自主。

魁人黨上臺

第二次世界大戰之後到六〇年代，魁北克信仰天主教為主的農業社會逐漸轉型成工業社會，新興的都市中產階級大幅增加，這時期就是前文所說的「寧靜革命」。

全球年輕人在六〇年代是躁動不安的，從美國到歐陸都產生反體制思想，撼宗教、政治和文化舊體制。然而當時魁北克寧靜而平和，對於新興的中產階級而言，一派希望英語和法語族群在加拿大平等共存，另一派則尋求魁北克主權獨立。

一九八六年成立的「主權協作運動」（Mouvement Souveraineté-Association），為魁人黨的前身，勒維克後來結合了追求魁北克政治、文化獨立的同志，成立魁人黨。魁人黨成立的核心幹部都是魁北克的教授和學者，當時還稱之為「教師共和國」。魁人黨在一九七六年得到四一％的選票，成為魁北克省執政黨。勒維克毫不遲疑地在主權問題上更進一步，推動魁北克獨立公投。

一九七九年，勒維克發表了〈魁北克和加拿大：新的處理方式〉（Quebec and Canada: A New Deal），期望在平等的基礎上建構加拿大與魁北克的關係，在他的想法中，魁北克將成為獨立國家，在外交和內政上享有獨立主權，與加拿大則是密切合作的夥伴關係。

魁北克獨立了，加拿大還是加拿大嗎？

加拿大聯邦與魁北克就像是長達兩百年的婚姻，雖然兩者講不同語言，但是長期相處，彼此的關係剪不斷、理還亂。加拿大一開始就是英、法兩個族群的結合，如果法裔移民獨立了，加拿大還是加拿大嗎？

一九八〇年魁北克第一次獨立公投時，聯邦總理還是法裔的杜魯道，他是道地的魁北克人，出生在蒙特婁，父母一個說法文、一個講英文，他認為英、法語族群共存才是加拿大的本質，雖然偶爾有不同意見，但並不妨礙彼此生存與發展。

第一次公投時，選票上的題目也不大清楚，並不是「你認為魁北克是否該成為一個獨立國家」的明確問題，或許魁人黨也還沒有下定決心和加拿大分手，當時的題目相當拗口，大意是「基於國家平等的原則，魁北克將與加拿大簽訂新的條約，讓魁北克有獨立權力訂定自己的法律、徵集自己的稅收，並且和其他國家簽訂條約。獨立後可以繼續使用加幣」。

這樣的題目一般人真的看不太懂，或許談分手的兩方都還沒有考慮清楚，甚至想在獨立後繼續使用加幣。魁人黨所提的方式稱為主權協作，即主權獨立，但是經濟與加拿大分享，國防政策與加拿大一致。

當時的聯邦政府在獨立公投前盡量冷處理，不刺激魁北克人的情緒。杜魯道則承諾讓魁北克擁有更多自治權力，造成魁北克人意見分歧。結果贊成魁北克獨立的只有四〇・四四％，反對者則有五九・五六％。

三、再度追求獨立：一九九五年，魁北克第二次獨立公投

第二次獨立公投有超過五百萬公民投票，結果投下贊成票的有四九・四四％，反對則是五〇・五六％，但輸了就是輸了……

世界很少有一個地方像魁北克，舉行兩次獨立公投，一九八〇年失敗了，一九九五年再接再厲，然而在這十五年中，加拿大聯邦與魁北克進行了數次談判，希望達成協議。

第一次公民投票以失敗收場，加拿大聯邦覺得魁北克的獨立是整體加拿大立國的憲政問題，必須認真對待，讓我們重回一九八〇年前後那段關鍵歲月。

加拿大獨立換取魁北克獨立人士的認同

魁北克在一九八〇年沒有獨立，加拿大卻在一九八二年獨立了。兩者的獨立可以說是互為表裡，也是決定魁北克人意願的重要變數。

前文提到杜魯道總理一生最大的成就是幫助加拿大獨立。他認為加拿大必須有一部新憲法，以完全脫離英國。修憲同時，適逢魁北克的獨立公投，杜魯道承諾只要魁北克的公投不過半，在新的加拿大憲法中將會給予魁北克人更多的自治權力。當時支持獨立公投的魁人黨，領袖是勒維克，而聯邦總理杜魯道也是道地的魁北克人。在魁北克人的心中，杜魯道比勒維克的支持度高，也許聯邦換了一個總理，魁北克公投就會有不同結果。不管如何，魁北克人多數相信杜魯道，一九八二年所推出的加拿大新憲法，確保加拿大為一個雙語國家，也確保魁北克人的基本權利。

魁北克人拒絕簽署新憲章

但是，魁北克人想要的更多，他們認為新的憲法中，對於語言和教育的保障仍然嚴重不足，侵犯了魁北克議會對語言和教育政策的立法權。而且在新的憲法裡，沒有給予魁北克否決權，只把魁北克視為聯邦一省，並非把加拿大視為英語族群與法語族群結合的國家。在這樣的憲法裡，魁北克在聯邦各省的投票案將會輸給英語族群。

魁北克拒絕簽署新的憲章，加拿大陷入憲政危機，聯邦政府與魁北克在第一次獨立公投後的十年間，進行數次談判，透過公開、民主的程序進行協商。

第二次公投前的魁北克

魁北克究竟要那些權力呢？一九八七年的密契湖會議之中，魁北克政府提出五項條件，要求聯邦政府答應：

1. 魁北克是一個「獨特的社會」（distinct society）。
2. 魁北克對於聯邦的修憲案具有否決權。
3. 魁北克掌控自己的移民事務。

4. 魁北克擁有最高法院的人事權。

5. 增加魁北克對於財政預算的權力。

當時魁北克境內的政治局勢也有變化，自由黨擊敗了魁人黨，自由黨的布哈薩（Robert Bourassa）代表魁北克與聯邦的十省參與省長會議，由於密契湖會議不僅加強了魁北克的自治權力，也加強了各省權力，所以各省省長對於魁北克的要求也予以尊重。

省長會議通過之後，必須再由省長帶回地方省議會通過，本來以為省議會的複決只是形式，沒想到各省的地方狀況不一樣，最後曼尼托巴和紐芬蘭的省議會否決了密契湖協議，導致修憲案無法通過。

修憲案無法通過，加拿大聯邦政府感到臉上無光，魁北克也感到灰心。聯邦瞭解如果在修憲議題上沒有魁北克加入，將使加拿大憲法的合法性不足，透過多方溝通，與魁北克在九〇年代初期再次進入協商。

九〇年代初期的查洛鎮會議，繼續討論密契湖會議無法解決的問題，主要承認魁北克是加拿大之內的「獨特社會」，賦予省政府更多權力。只是，這次不再將決議交予各省議會，而是直接由公民投票複決。

加拿大全國的公民投票在一九九二年十月舉行，針對魁北克的議題，以及加拿大共同的問題舉行公投，其他省分覺得給魁北克省太多權力，有違聯邦制的精神，大部分否決這次議案。魁北克本身也否決，但原因在於給予的權力還不夠多。

經過十多年談判，魁北克與聯邦無法達成決議，兩者僵持不下。

獨派再度敗陣

一九九四年，魁人黨在省選以溫和方式訴求一個有能力的好政府，抨擊當時執政的自由黨與大企業間的政治獻金不清楚，重新贏得魁北克執政權後，九月即開始推動第二次公民投票，在境內推動上百場公聽會，不只訴求一個獨立的國家，還提出社會改革政策，讓魁北克的居民相信主權獨立會讓社會、經濟變得更好。

然而，當時魁人黨分成兩個路線，一個以巴西佐（Jacques Parizeau）為首，一個則以布夏爾（Lucien Bouchard）為首，兩人雖然都支持魁北克獨立，但是前者主張魁北克成為完全獨立的國家，不需要與加拿大有特別的關係；後者則認為在獨立之後，加拿大是最重要的政經夥伴，關係比起其他國家來得密切。

兩派訴求最後折衷，當時的省長在一九九五年九月向省議會提出魁北克獨立公投，並在同年十月三十日進行投票，題目是「你是否同意魁北克正式向加拿大提出建立新的經濟與政治夥伴關係的要求，並就此具有獨立主權？」

超過五百萬公民中，投票率高達九三%，投下贊成票的有四九・四四%，反對則是五〇・五六%，只差一點點，但輸了就是輸了，這就是民主，在公平的遊戲中遵守規則，並服從結果。

或許魁北克當局有意模糊公投的題目，投下贊成票的人當中有一五%不支持「完全」獨立，只是想爭取更多自治權力，使聯邦重新看待與魁北克的關係。

相較於二〇一四年蘇格蘭獨立公投，題目簡潔易懂：「蘇格蘭是否應是個獨立的國家？」（Should Scotland be an independent country?）魁北克兩次公投題目都有點模糊，既希望主權獨立，卻又想與加拿大保持一定關係。魁北克人真的想要成為徹底獨立的國家嗎？還是有不一樣的辦法？這為後來的「國中國」埋下伏筆。

四、國中國：「國家」的可能性

魁北克或許沒有想要「完全地」獨立，但是透過爭取獨立，在幾十年時間裡得到想要的權利；加拿大聯邦也透過權力下放，換得加拿大統一。

到過魁北克的人可能會對「國家的」（national）一詞感到困擾，魁北克省議會大廈上的牌子寫著「魁北克國家議會」（Assemblée Nationale du Québec），省內很多公路和國家公園也冠上「國家的」這個詞；國家圖書館和檔案館（Bibliothèque et Archives nationales du Québec）稱作「國家」級，卻是省級單位。

我拿到麥基爾大學的入學許可時，上面載明得先向魁北克移民局申請許可，獲准後才能向加拿大移民局申請學生簽證。我想：「不是國家才能有移民局嗎？為什麼魁北克省有自己的移民局？」宛如「國中國」的情況是怎麼形成的？我們從二次公民投票後開始說起！

魁北克真的想獨立嗎？

一九九五年，魁北克第二次獨立公投，當時的投票率高達九三%，超過五百萬的魁北克公民之中，投下贊成票的有四九．四四%，反對則是五〇．五六%，支持獨立的人以六萬票差距再度敗北。仔細想想，魁北克真的想獨立嗎？兩次公投的題目都沒有明白寫出——魁北克要成為獨立國家的決心，一個可以和加拿大或是世界上其他國家平起平坐的國家。

民調顯示，第二次公民投票之前，超過六〇%的人覺得主權獨立的魁北克可以繼續使用加幣，高達四五%的人則認為可以繼續使用加拿大護照。所以，魁北克人可能不清楚「真正」獨立是怎麼一回事，就是切斷關係，完全靠自己。有沒有可能在完全獨立的「國家」與「省」之間找到平衡點或是協調機制，成為「國中國」或是「次國家」（sub-national state）？

國家的可能性

英國的李伯諾（Montserrat Guilbernau）教授曾經出版過一本《無國家民族與社群》，探討魁北克、蘇格蘭、加泰隆尼亞等在加拿大、英國、西班牙等國家之中的「次國家」或是「無國家的民族」（nations without states）。他認為魁北克等民族與所在國家「分享著共同的歷史、據有可明確區分的領土」，並且在沒有屬於自己國家的情況下，渴望決定其政治前途。

無國家民族的運動在二十世紀末期和二十一世紀初期方興未艾，這些運動很多都發生在歐、美等民主國家，他們面對這些運動，採取的政策和蘇聯、中國的態度不同，不是訴諸武力、恐怖統治去壓制民族運動，而透過民主原則、多元文化主義等策略，協調國家與這些「次國家」。有些國家透過文化承認、有些採用政治自治、有些在聯邦制中採取更柔性的措施，加拿大就是最後一種。

陷入危機的國家

由於第二次公投兩方的差距太過接近，使得加拿大聯邦覺得可能產生國家分裂危機，報紙上甚至以「瀕死經驗」（near-death experience）、「陷入危機的國家」（the country being in crisis）來形容魁北克公投對於加拿大造成的衝擊。

公投結束後，激情散去，當時的聯邦總理是魁北克出身的克里提安（Jean Chrétien）首先讚賞人民在公投過程中表現出來的民主素養，也表明認知到魁北克人民對於加拿大聯邦改革的要求，聯邦將落實在公投前給予魁北克的承諾。聯邦採取兩種策略：第一是以政治的方式解決；第二是透過法律的手段解決。政治解決的方式主要是想緩和魁北克人的情緒，一九九七年在卡加利舉行的省長會議發出共同聲明，指出加拿大雖然以英語為主流，但瞭解魁北克的獨特，有不同於英語社會的語言、文化和民法傳統。

魁北克是否可以單方面決定脫離加拿大？

克里提安在一九九八年向加拿大最高法院提起訴訟，希望針對魁北克問題提出解釋，問題是「魁北克在加拿大憲法框架下，是否可以單方面決定脫離加拿大？」

加拿大最高法院針對此議案做出判決，認為在加拿大聯邦中的省分無權片面決定脫離加拿大。然而，判決並非說魁北克無權公投，而是在公投時必須有所交代，這催生了《清晰法案》（The Clarity Act）。

要獨立！請把話說清楚

在後續的法律戰中，國會在二〇〇六年通過了《清晰法案》，主要說明四點：首先，進行公投的省分要在文字上清晰地表明獨立意圖，不能使用含糊不清的字眼，模糊公民的判斷；第二，在計票上必須採取絕對多數；第三，文字的清晰與否必須透過國會認定；第四，即使文字清晰，人數也到達絕對多數，獨立的省分必須和聯邦政府與所有省分談判，因為一省獨立代表加拿大必須修改憲法。

魁北克兩次獨立公投的題目都寫得模稜兩可，想獲得主權，卻又在經濟、財政議題和加拿大聯邦牽扯不清，始終沒有展現出獨立成為一個國家的意圖。《清晰法案》承認了省分所具有的公投權力，但同時也保障聯邦統一。法案也要求獨立之後的魁北克必須和加拿大聯邦進行談判，就好像一段婚姻要分手也得把財產、小

史蒂芬·哈普，加拿大第二十二任總理，
1959年生。

孩子的監護權談清楚，欠債也要還一還，不能以獨立之名行不負責任之實。很多分析家說加拿大聯邦有意壓制魁獨，但從歷史發展來看，聯邦只是把條件說清楚。在魁北克追求獨立的這幾十年過程裡，加拿大其他省分也受夠了，認為要獨立就讓它獨立，只是得把話說清楚。

法案一出，魁北克的獨立聲浪反而較為平歇，支持獨立的民調下滑。魁北克一開始就把話講得模稜兩可，當有人要求把話說清楚時，聲音反而被削弱了。

國中國

在《清晰法案》通過同一年，加拿大聯邦不忘安撫魁北克。總理史蒂芬・哈普（Stephen Harper）在國會提出一項驚人的議案，建議將魁北克省視為「在統一的加拿大下的一個國家」（the Québécois form a nation within a united Canada）；換言之，魁北克是加拿大的「國中之國」。

加拿大國會以兩百六十六票贊成、十六票反對通過總理的動議，連大部分支持魁獨的人也投了贊成票。哈普的這個動議讓魁北克措手不及，也讓國際高度關注。BBC認為「國中國」在一定程度上可以弱化魁北克獨立的聲浪，而魁人黨的要求在這項議題也得到了部分滿足。

當然，哈普此舉不是沒有爭議，因為英文的「nation」雖然可以翻譯成「國家」，指獨立政府之下的一群人，但也可以用來指涉具有共同語言和風俗的民族團體。究竟哈普是指前者或是後者，他沒有明說，或許就是故意游移於模糊的文字，讓魁北克與加拿大聯邦各取所需。

沒有名義上的獨立，卻獲得實質的權力

我們或許可以思考，從魁人黨一九七六年成立以來，魁北克在爭取主權的路上發動了兩次公投，雖然沒有獨立成功，是否得到實質權力？

魁北克人始終覺得會被周圍講英文的加拿大、美國弱化，因為英文是強勢語言的關係，很多魁北克父母也希望小孩進入英語學校。多年的爭取下，現在魁北克出

生的小孩必須進入法語學校。當公司超過一定人數，也必須以法語做為公司官方文件和上班溝通的語言。加拿大其他省分的官方語言是英語、法語，但在魁北克的官方語言只有法語一種，進入任何政府單位只能說法語。

再來就是移民政策的問題，加拿大聯邦和魁北克都知道自己是生活在移民所建立的土地，所以在移民政策上比其他國家寬鬆，希望新來的移民可以融入加拿大社會。　對於魁北克人而言，如果由聯邦控制移民的篩選，新移民不一定能符合魁北克社會的需求，所以魁北克省要掌握自己的移民條件，由其移民局進行篩選，加拿大聯邦只是做行政上的認可。其餘教育、財政權力和健保，大部分也由省政府管轄，除了有些省際間問題需要協調，聯邦才有權干涉。

魁北克或許沒有想要「完全地」獨立，但是透過爭取獨立的過程，在幾十年的時間裡得到想要的權利；加拿大聯邦也透過權力下放，換得加拿大統一。有得有捨，但如果沒有爭取，權力與權利也不會從天上掉下來吧！

五、我們不同國：獨立過程中的原住民

魁北克境內的原住民族反對魁北克獨立，也反對法語做為官方語言，雖然人數不多，但合法的訴求使魁北克政府不能不面對此問題。

魁北克市是充滿歐式風味的小鎮，在法式的芳堤娜城堡後面是一條幽靜小巷。由石板路和低矮石造房子所構成的街區，有一座小型展示館，陳列的都是北極圈中原住民族伊努特族（Inuit）的手工藝品。這間「布豪梭伊紐特美術館」（Art Inuit Brousseau）本來是一座小型的私人展覽館，二〇〇五年開放大眾參觀。展覽室中成列上百件伊努特族石雕，主要是北極圈動物的雕塑，例如北極熊、海豹和貓頭鷹，技法簡單，沒有太多花俏的裝飾，樸實的造型帶著諧趣。原住民族文化和藝術在講究多元文化、族群共榮的時代，被視為世界的共同遺產。

魁北克的原住民

一般人對魁北克的印象往往在其強烈的法語認同、強調法蘭西移民身分，以區別於住在周邊的加拿大人和美國人等英語族群。然而，歐洲人來到美洲之前，美洲大陸本來就散布著不同族群。從北極圈到墨西哥都有原住民族群，他們在法國、英國和西班牙不同的殖民政權下生活，而大多數政府都忽視他們的生存與土地權。

加拿大原住民族主要為印地安人（Indian）、伊努特人和梅蒂斯人（Metis），其下還可以細分為數十個小族群，包括積極爭取主權合法性的克立族（Cree）。

原住民族就像「國中國」

除了伊努特人，魁北克還有十個所謂的「第一民族」（First Nations）。第一民族是加拿大賦予原住民族群的名稱，代表他們是這塊土地上最早的居民。既然是最早居住於加拿大的族群，當然也享有相關權利。

加拿大境內的原住民族群都曾經在不同省分示威抗議，爭取生存與土地權利。現在他們享有高度的自治權，可以稱為「國中國」也不為過。由原住民族群選出的議會組成政府，擁有土地所有權和使用權，可以參與土地和水域的管理、決策和資源開發，語言和教育政策也掌握在他們的手裡。

魁北克境內的原住民運動和魁北克獨立運動的關係一直非常緊張，然而隨著魁北克爭取主權，境內的原住民也開始有了民族自覺的意識，要求魁北克政府承認其政治合法性，如同魁北克對加拿大聯邦的要求。

魁北克居民雖然以法國移民後裔為主，但為數不多的原住民族群爭取主權的合法性卻難以低估。約八萬七千人的原住民族群，占魁北克人口的〇・八％，較為重要的有克立族及伊努特人。

原住民族反對魁北克獨立

一九九五年，魁北克舉行第二次獨立公投前，克立族自行舉辦公投，超過九六％

的絕對多數反對魁北克獨立，並且決定繼續留在加拿大聯邦中。伊努特人所舉辦的公投中，反對魁北克獨立的比例也超過九五%。

原住民的決定使得魁北克政府一個頭兩個大，省長指出為了魁北克領土的完整性，不容許原住民族自行決定去留。然而，克立族的領袖馬修孔勘（Matthew Coon Come）在麥基爾大學獲得法學學位，並且考取律師，熟悉加拿大憲法與民族自決的權力，他在將近五百頁的研究裡駁斥魁北克政府的聲明，宣稱原住民族群有權在魁北克與加拿大間做出選擇。

對原住民而言，留在聯邦的好處較多，可以和其他省分的原住民串聯，形成較大的組織，而且聯邦給予的補助較多。如果魁北克獨立，原住民的利益反而減少。

原住民族群的要求就和法裔的魁北克人類似，當魁北克政府要求加拿大聯邦尊重法語時，原住民族群也同時強調自身語言的重要性和文化的特殊性，所以反對魁北克提倡法語。

馬修孔勘，克立族領袖，1956年生。

原住民語言比法語的歷史還久

二〇一二年的魁北克選舉，魁人黨政見中要求所有參選公職的候選人都必須通過法語考試，包含原住民在內。原住民領袖皮卡（Ghislain Picard）跳出來反對說：「魁北克的語言不只有法語，一堆原住民語言比法語存在更長的時間。」魁人黨後來沒有施行這項政策。

幸好魁北克兩次獨立公投都沒有成功，原住民族群無須真的做出決定，但由此可見加拿大的民主思想也深入原住民社會，原住民也知道如何爭取權利與權力。

六、魁北克還要獨立嗎？新世紀的認同

對於魁北克人而言，獨立與否已經不是最重要的議題，因為他們已經透過獨立運動爭取到想要的權力。

二〇一四年九月，加拿大和魁北克的媒體都在關注一件事——蘇格蘭獨立公投。即使在一般的傳統市場也可以看到魁北克人關注這件事。路邊放著魁北克的省旗，上面寫著：「下次是魁北克公投嗎？」

我問了一些朋友，他們雖然關心蘇格蘭公投，卻對魁北克再度舉行公民投票感到悲觀，或者說，覺得魁北克不需要再辦公民投票決定是否獨立。

「為什麼呢？」我問。

「如果蘇格蘭人擁有我們有的，他們也不會想要獨立了。」

蘇格蘭人投票結果是四五%：五五%，獨派人士的獨立夢暫時被打破，有待來日。十九年前的十月三十日，全世界關注的是魁北克進行的第二次公民投票，支持獨立的有四九・四四%，反對的則有五六・五六%，相差僅六萬人，顯然更驚險。兩者有著一些相同爭論，例如獨立的蘇格蘭是否可以繼續使用英鎊？或是得使用新的貨幣？獨立是否會使經濟崩潰、沒有工作？

公投過後，蘇獨的領袖亞力克斯・薩孟德（Alex Salmond）選擇辭職，有如一九九五年魁獨領袖巴西佐（Parizeau）一樣。蘇格蘭的公投對於魁北克人而言似曾相識，深刻的感覺襲上心頭。

蘇格蘭獨立與魁北克獨立

蘇獨和魁獨人士在蘇格蘭公民投票前進行了好幾次會面，魁北克代表團包含四名省議員在內的六十人也前往蘇格蘭觀摩。蘇格蘭的公投雖然失敗，但也算是一次成功的政治運動，本來在推動公投時，支持率只有二五％到三五％，但在幾個月內就將議題發揮得淋漓盡致，使得英國對局勢大為緊張。

魁北克的省議員亞歷山大・柯魯蒂埃（Alexandre Cloutier）認為一個更自治且強大的蘇格蘭將在世界舞臺上出現，英國現在得為公投期間所同意的自治條件做出讓步，如果不守信用，將會激勵下一輪公投啟動。

目前魁北克的省長菲利普・庫里亞（Philippe Couillard）為自由黨，並不支持魁獨，支持聯邦制，但是仍然認為蘇格蘭與魁北克這兩個「次國家」展現的強烈國家認同，是民主過程中「健康的緊張」（healthy tension）關係。蒙特婁協和大學政治學教授拉夏貝爾（Guy Lachapelle）也抱持同樣意見，認為蘇格蘭公投再次肯定了民主制度，鼓勵更多人用選票爭取獨立。

魁北克下次的公投並不樂觀

魁北克人相當關注蘇格蘭公投，如果蘇格蘭有超過五〇％的人支持獨立，真的成為一個國家，彷彿完成了魁北克人未竟的事業。而且，蘇格蘭與英國政府的談判，包括經濟、外交、政治上的協議，以及獨立後的路要怎麼走，都可以成為魁北克的借鏡。

但是，魁北克人下次的獨立公投並不樂觀，主要在於沒有解決經濟問題。境內失業率高，稅賦也高，所得稅課徵從四八・二二％到五五％之間。聯邦每年提供超過七十億加幣的補助給魁北克政府，高於其他省分一倍，這些來自亞伯達、薩克其萬和卑詩省的挹注，使魁北克在經濟上更難脫離聯邦。而且魁人黨已經不受選民青睞，二〇一四年選舉後，在議會中只有三十席，比起自由黨的七十席，可以說是慘敗，是一九七〇年政黨成立以來最差的一次。魁北克的民眾支持聯邦制的自由黨，使得下次公投更為困難。

獨立的理想永遠不死

對於魁北克人而言，獨立與否已經不是最重要的議題，因為他們已經透過獨立運動爭取到想要的權力。如同我的朋友所說：「如果蘇格蘭人擁有魁北克人所擁有的，他們可能會比較滿意。」他的意思是透過兩次獨立公投，魁北克已經獲得大部分想要的權力，包括對法語的保護、經濟權及教育權歸省政府，甚至外交權力和移民管控，以及承認魁北克是加拿大這個國家（country）中的國家（nation）。

從魁北克最近的民調來看，支持蘇格蘭獨立的魁北克人有四四％，但是支持魁北克從加拿大獨立的只有三六％。這代表魁北克人放棄追求成為一個獨立國家的夢想嗎？支持聯邦制的省長庫里亞也說：「這個理想永遠不死。」而且，蘇格蘭公投也讓魁北克人和全世界知道，追求獨立、公民投票並不是過時的理想。

魁北克人的內涵

透過蘇格蘭公投，魁人黨也必須思考，如果他們的終極訴求仍然是建立一個獨立的國家，那麼，什麼是魁北克人？

加拿大知名的政治哲學家和作家葉禮庭（Michael Ignatieff），同時也是加拿大自

菲利普．庫里亞，現任魁北克省長，
1957年生。

葉禮庭，曾任加拿大自由黨黨魁，國際
知名學者，1947年生。

由黨前任黨魁，對於民族主義具有深刻見解，他區分出兩種民族主義，其一為「族群民族主義」（ethnic nationalism），強調血緣、族群和文化根源；另一種為「公民民族主義」（civic nationalism），強調所有公民的政治參與而不管種族、顏色或是族群。

魁人黨從一九七〇年以來追求的是「族群民族主義」，強調魁北克法語族群的共同語言、文化和歷史；然而，面臨全球化時代，不同族群進入魁北克，魁人黨必須面對「魁北克人的內涵」問題。魁北克人現在不只是法裔加拿大人，還包括境內的英語族群、原住民族群和大量東歐、北非和亞洲移民。魁北克必須得到其他族群的信任，使他們相信主權獨立的國家有更美好的未來，才有可能完成建國的夢想。

結論：少年Pi的家，從臺灣之光到魁北克

加拿大是一個廣大的國家，足以鼓舞你的創作靈感；同時也是世界上最好的飯店，歡迎來自世界各地的人。

李安拍了《少年Pi的奇幻漂流》，獲得奧斯卡金像獎最佳導演獎，成為大家眼中的「臺灣之光」。《少年Pi的奇幻漂流》是影史上的傑作，可以從特效、意境、美感、宗教與哲學等不同方面加以討論。

我對其中的美感和意境感到佩服，也欣賞不同層次的哲學意涵。除此之外，我也關心故事的背景、文化與認同，以及原著的作者楊・馬泰爾（Yann Marte），為什麼呢？

書中呈現的文化相當多元，少年Pi出生於印度的朋迪榭里（Pondichéry），是一個說法語的地方，印度雖然由英國殖民，但還留下四個港口給法國，後來這四個城市透過公投，加入獨立後的印度。

少年Pi的一家人從法語的印度坐上日本人的貨輪，飄洋過海準備到加拿大，故事脈絡中充滿各式各樣的文化和國籍。Pi與作者馬泰爾在電影裡聊天的地點，就是我居住的城市蒙特婁。少年Pi歷經海上驚魂，沒有回到故鄉，來到加拿大魁北克，成為新移民，在此娶妻生子。或許少年Pi的原生文化、認同都消解在海洋裡，在魁北克落地生根。

魁北克就是這樣的地方，從四面八方來的人都在此找到新故鄉。

非常加拿大的《少年Pi的奇幻漂流》

楊．馬泰爾的雙親是魁北克人，所以他雖然在西班牙出生，卻在法語的家庭中成長。由於雙親是外交官，他從小在不同的文化環境中穿梭，成年後也在不同的國家旅行和工作，宛如一個世界公民，將文化間的藩籬都予以屏除。

但是，馬泰爾並不認為他是沒有文化認同的人，反而覺得《少年Pi的奇幻漂流》非常加拿大。他在接受訪問時說：「加拿大是一個廣大的國家，足以鼓舞你的創作靈感；同時也是世界上最好的飯店，歡迎來自世界各地的人。」對於他而言，加拿大就是世界，是文化交會的地點，但當記者問他是否是一個世界公民，他說：「不，我是加拿大人，我不相信有人是世界公民，每一個人都是來自某處，根植於某個文化中。」馬泰爾認為只有加拿大這樣的國家與文化環境，才能成為多重文化交會的地方。

成年之後的馬泰爾住在魁北克的蒙特婁，是父母的故鄉，在法語的環境裡，他用英文書寫，卻以魁北克作家自居。馬泰爾的《少年Pi的奇幻漂流》獲得魁北克作家協會的 Hugh MacLennan 大獎，獎項主要提倡和鼓勵魁北克的英文寫作。馬泰爾曾說：「英文是最能表達生活細微的語言，但法文是最貼近我心裡的語言。」他的家庭是魁北克相當早期的法國移民，自言在魁北克遇到主張魁北克獨立的人時，自認為是加拿大人；而在周邊都是英語的環境中，卻覺得是魁北克人。

在加拿大建國的過程裡，法國移民與英國移民兩種文化長期在尊重、容忍和協調下，形成各種認同。以法語為母語的魁北克人中存在著以英語寫作的人；在英文的環境中也有歌手以法文演唱。文化的交流或許有衝突，但加拿大的制度使得不同的文化得以在協調中獲得一定程度的平衡與穩定，不採取同化或是美國「大熔爐」方式，而是並陳、具備各自的獨特性。

對於移民，加拿大政府並不歸化他們原來的認同，在這個世界上族群第二複雜的國家裡（第一複雜為澳洲，但澳洲「白澳政策」的歷史使得種族間的問題始終揮之不去），不同的族群過著他們原來的生活，有些人甚至只會一些生活上的英語或是法語。

多倫多或許可以說是世界上文化與種族最紛雜的城市，一半以上的居民不是在加拿大出生，以日本、韓國、中國和印度等亞裔移民居多；而蒙特婁面向歐洲與非洲，族裔從東歐到北非的各種人都有。馬泰爾稱加拿大為「加拿大旅館」（Hotel Canada）：「一個暫時且缺乏忠誠的居所。」

加拿大政府的移民政策是開放的，透過移民促進經濟成長，在大量移民湧入的過程中，對社會難免有衝擊，但相對於歐洲國家的種族主義和黨派，加拿大各種族的關係較為和諧，因為國家保障和促進文化的多元性。

怎麼看加拿大和魁北克的關係？

魁北克人以民主的方式爭取獨立，聯邦透過溝通並給予利益等政策，一方面保持加拿大聯邦的完整性，一方面也確保魁北克文化的特殊性。對於馬泰爾——魁北克人，同時也認同自身是加拿大人——魁北克問題也是重要且揮之不去的問題，他是怎麼想的呢？

二〇一二年出版的《史蒂芬・哈普讀什麼？楊・馬泰爾推薦總理讀的書》（*What is Stephen Harper Reading? Yann Martel's Recommended Reading for Prime Minister*），馬泰爾從二〇〇七年開始每兩個星期寫信給加拿大總理史蒂芬・哈普，關心加拿大的政治、文化和宗教，也關心魁北克議題，在談到加拿大與魁北克的關係時，馬泰爾建議史蒂芬・哈普閱讀《小王子》。

小王子與狐狸的關係，就是馬泰爾認為加拿大聯邦政府與魁北克政府應該維持的關係：

「我在找人。」小王子說：「什麼叫『馴養』？」

狐狸說：「那些人嗎？他們有槍，他們打獵，這很討厭。但他們也養雞，這是他們唯一的好處。你在找雞嗎？」

小王子說：「不，我在找朋友。什麼叫『馴養』？」

「這是件被遺忘的事。」狐狸說：「馴養就是『建立關係……』」

「建立關係？」

或許這多少可以解釋李安為什麼選擇楊・馬泰爾的書翻拍成電影，幾乎都在臺灣拍攝的《少年Pi的奇幻漂流》，除了是李安給臺灣電影界的禮物，更深一層說，也是臺灣與中國關係的某種借鏡。加拿大政府或許是小王子，但中國政府比較像是帶著槍的獵人。

「建立關係？」對於臺灣而言仍然是個問號，什麼樣的關係？

VIEW 系列037

絕對驚豔魁北克：未來臺灣的遠方參照

作　者—胡川安
主　編—邱憶伶
責任編輯—麥可欣
責任企劃—葉蘭芳
封面設計—劉克韋
美術設計—葉鈺貞
插　畫—劉彥岑・我我設計
董事長
發行人—趙政岷
總編輯—李采洪
出版者—時報文化出版企業股份有限公司
一〇八〇三臺北市和平西路三段二四〇號三樓
發行專線—（〇二）二三〇六—六八四二
讀者服務專線—〇八〇〇—二三一—七〇五・（〇二）二三〇四—七一〇三
讀者服務傳真—（〇二）二三〇四—六八五八
郵撥—一九三四—四七二四 時報文化出版公司
信箱—臺北郵政七九～九九信箱
時報悅讀網—www.readingtimes.com.tw
讀者服務信箱—newstudy@readingtimes.com.tw
時報出版愛讀者粉絲團—http://www.facebook.com/readingtimes.2
法律顧問—理律法務事務所 陳長文律師、李念祖律師
印　刷—詠豐印刷有限公司
初版一刷—二〇一六年八月十二日
定　價—新臺幣三二〇元
⊙行政院新聞局局版北市業字第八〇號

國家圖書館出版品預行編目資料

絕對驚豔魁北克：未來臺灣的遠方參照 / 胡川安作.
-- 初版. -- 臺北市：時報文化, 2016.08
面；　公分. -- (VIEW系列；37)
ISBN 978-957-13-6736-1(平裝)

1.生活史　2.加拿大魁北克

753.743　　105013366

ISBN 978-957-13-6736-1
Printed in Taiwan